ことわざ絵解き事典

和歌山大学名誉教授　南　清彦　著
高野山画僧　藤原重夫　画

汗牛充棟（二四）

蔵書の多いたとえ
車に積むと牛が汗をかき、
積み上げれば家の棟まである本。

五つ教えて三つほめ（七三）

仁者は山を楽しむ（四七八）

瓜田に履を入れず（一九六）

聖人は
寸暇を惜しむ
（四六四）

思召より
米のめし（一四三）
大儀で
あるぞ

義経の鵯越（四三九）

小田原評定で兵動かず（一二九）

舟頭多くして舟進まず

死なぬ子三人親孝行
（四三三）

女の力で岩戸を開ける
（一六〇）

施主は金持ち
職人は貧乏
（五三）

風が吹けば
桶屋が
儲かる
（一八六）

炬燵俳諧
夏将棋
（八九五）

日暮れて
道なお遠し
（七九六）

夫婦喧嘩も
ないからおこる
（八五五）

借りる八合返す一升
（三七）

ありがとう
ございました

＃ ことわざ絵解き事典

和歌山大学名誉教授　南　清彦　著
高野山画僧　藤原重夫　画

ことわざ絵解き事典

ことわざ絵解き事典

◆目　次

前編

主要ことわざ一、〇〇〇の絵解き解説

—同義語・反対語・関連語付き—

愛多ければ
憎しみ多し
（〇二）
愛多ければ憎しみ多し（〇二）

寿老人と
大黒天の
相撲
独り相撲はできぬ（〇四）

㊟
「☆」は現在も通用するもの
「※」は古い時代のもの
（　）はことわざ索引番号

☆愛多《あいおお》ければ、憎《にく》しみ多し（〇二）

（解）愛情の強い人は憎しみも強い。

☆【関連】愛は愛を生む

（解）愛は、相手を通して次つぎと広まっていく。

☆愛想《あいそ》尽かしも金からおこる（〇三）

（解）好き嫌いもお金のことからおこる。

☆【関連】愛想尽かすよ、あなたの浮気

（解）あなたが嫌いになるのも、浮気のことからである。

☆相手《あいて》のない喧嘩はできぬ（〇四）

（解）喧嘩は複数の人が互いに争うのである。買われた喧嘩など。

☆【同義】一人相撲はできぬ

（解）一人芝居というのがあるが、一人では相撲はできない。

☆会《あ》うは分れのはじめ（〇五）

（解）会うものは必ず別れねばならない。人生無常。

☆【関連】会うも不思議、会わぬも不思議

（解）人にばったり会ったり、また全然会わないのも不思議な縁による。

※阿吽《あうん》の呼吸（〇六）

（解）二つのものの気があうこと。阿は開口音で最初（呼気、男）、吽は閉口音で最後（吸気、女）。

☆【関連】対立物の統一

（解）対立しながら一致する（弁証法的考え方）。

☆青《あお》は藍《あい》より出て藍より青し（〇七）

（解）弟子が先生よりえらくなる。出藍。

☆【反対】弟子は師の半分

（解）弟子は通常先生の半分の能力しかない。

※赤い腰巻に迷わぬものは、木仏、金仏、石仏（〇八）

㊫女の赤い腰巻を見て心をおどらさないのは、造りものの仏であって、通常人間は迷う。

※【同義】賽銭をあげると木仏も面を返す

㊫金銭にとらわれない仏でも、賽銭をあげるとこちらの方を向く。

☆垢《あか》はこするほど出る（〇九）

㊫あら探しは次々と出る。秘密が発覚する。

☆【同義】隠すことは知れ易い

㊫隠そうとしても世間に知れわたる。

☆商《あきな》いは道によりて賢し（一〇）

㊫商人はそれぞれの専門分野でアイディアを生かし活動する。

☆【反対】農は人まね

㊫百姓は隣人の農法を真似れば出来る。

☆商《あきな》いは正直が第一（一一）

㊫商売人は正直が何より必要。

☆【反対】ぼったくり商人には二の足を踏む

㊫暴利をむさぼる商人には客は来ない。

※秋茄子《あきなす》、嫁に食わすな（一二）

㊫秋茄子は美味しいので嫁にやるな。嫁への意地悪。

☆【関連】なるほどむしる秋茄子

㊫秋茄子は小さいうちに次々と収穫する方がよい。相手の話に相槌を打つ時の言葉。

※悪妻《あくさい》は不治の病（一三）

㊫家庭で夫に対してよくない女房は、それとつれそう男にとって大きな犠牲。

☆【関連】持つべきは姉女房

㊫年上の女房にはいろいろな利点がある。

開けて悔しき玉手箱（一五）

朝は題目宵は念仏（一九）

☆悪銭《あくせん》、身につかず（一四）

(解)不正な手段で入った金は資産とならない。

※**【同義】盗銭で神に祈る**

(解)理不尽な金であつかましく神に吉を祈る。

※開《あ》けて悔しき玉手箱（一五）

(解)玉手箱は開けないうちが夢で、あけると悲しいことになる。期待はずれ。

※**【同義】負けて悔しき玉手箱**

(解)勝負に負ける。開けると負けるを賭ける。

☆朝星《あさぼし》、夕星、昼は梅干（一六）

(解)朝早く起き、夜遅くまで仕事を行い、粗衣粗食して金をためる。

※**【反対】江戸っ子は宵越しの金は持たぬ**

(解)江戸の職人たちはその日に稼いできた金は、その日のうちに飲み食いに使う。

☆麻《あさ》の中の蓬《よもぎ》はまっすぐ（一七）

(解)麻のはえている草むらの中の蓬はまっすぐに生長する。環境による影響大。

☆**【反対】悪人に愛せられるよりも憎まれよ**

(解)悪人の仲間に入り好かれることをやめよ。

☆朝《あさ》のこない夜はない（一八）

(解)心配しなくても事情がよくなっていく。

☆**【関連】闇夜に鉄砲**

(解)出鱈目（でたらめ）、まぐれあたり。

※朝《あさ》は題目、宵《よい》は念仏（一九）

(解)朝は法華経を拝み、夕方は阿弥陀に念仏する人。信条のきまらない人。

※**【関連】神仏は人の敬うによって威を増す**

(解)神や仏は人間が敬虔に礼拝することにより、その威力が大きくなる。

無常の風は時を選ばず（二一）

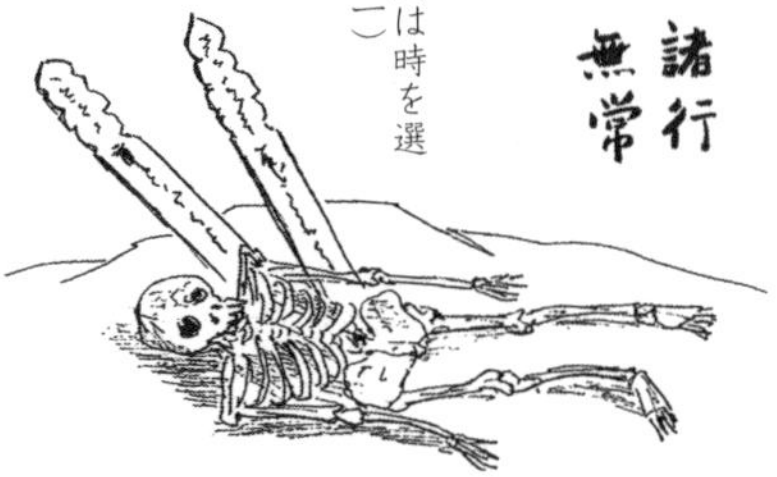

頭禿げても浮気はやまぬ（二五）

☆**悪《あ》しくとも、早きは許される**（二〇）

(解)出来は悪くとも早い仕上げはまあよい。

☆【反対】遅くて悪しきは許されず

(解)遅いうえに出来の悪いのは許されない。

※**朝《あした》に紅顔ありて、夕べに白骨となる**（二一）

(解)朝は元気であったのに、夕方には死ぬ。人生のはかない状況。

※【同義】無常の風は、時を選ばず

(解)人間はいつ死ぬともわからない。

☆**遊《あそ》んで食えば、山も尽きる**（二二）

(解)仕事もせず遊んでいると資産を失う。

※【同義】大阪の食い倒れ、京の着倒れ

(解)大阪の人は食べものにお金を使う、京都の人は衣類に浪費する。

☆**頭《あたま》動かねば、尾が動かぬ**（二三）

(解)幹部など統率するものが率先して動かないと下のものは動かない。

☆【反対】親方が顎で指図する

(解)自ら陣頭に立って行動しない。空威張りだけで実行しない。

☆**頭《あたま》かくして尻隠さず**（二四）

(解)全体を隠していないことを嘲笑する。

※【関連】頭の黒い鼠

(解)盗人を鼠にたとえる。

☆**頭《あたま》禿《は》げても浮気はやまぬ**（二五）

(解)男は年をとっても色気はつづく。

☆【関連】浮気と鰻は焼き加減

(解)男の浮気に対する女の焼きもちと鰻は焼き加減はほどほどに（深入りせずに）。

※当《あた》るも八卦、当らぬも八卦（二六）

(解)八卦は当ることも、当らぬことも多い。

☆【同義】犬も歩けば棒にあたる

(解)犬も時には棒（災難）に当る。

※悪貨《あっか》は良貨を駆逐する（二七）

(解)悪い貨幣が流通し金銀の含有量の多い貨幣は退蔵される。悪者がのさばる。

☆【同義】悪因は悪果を生む

(解)悪い原因をつくると、悪い結果を起す。

☆羹《あつもの》にこりて膾《なます》をふく（二七）

(解)前の失敗にこりて臆病になる。

☆【反対】火傷面（やけどづら）、火にこりず

(解)火傷したのに、火を恐れない。失敗の繰返し。

☆後の烏《からす》が先になる（二九）

(解)烏が飛んでいる時、後のものが追越す。

☆【同義】出藍の誉れ

(解)弟子が先生よりも偉くなる。

☆虻蜂《あぶはち》とらず（三〇）

(解)両方を叩き落そうとして虻も蜂も逃がす。

☆【反対】遠攻近交

(解)遠くの敵を攻めるために近くの敵と一時休戦。二面作戦をしない。

※阿呆《あほ》の大飯食《おおめしく》らい（三一）

(解)知恵はあまりないのに、食事だけ大食する。

☆【関連】大飯食らい、箸を選ばず

(解)空腹の人は食べることに一所懸命になり食器などをあまり気にしない。

阿弥陀の光も信心から（三三）

※阿呆《あほ》の一つ覚え（三二）

㊮臨機応変の融通が利かない。

☆【同義】公式主義を振り回す

㊮原理原則を機械的に押しつけること。

※阿弥陀《あみだ》の光も信心から（三三）

㊮阿弥陀仏の御利益は心からの礼拝が必要。

※【反対】阿弥陀の光も銭次第

㊮阿弥陀仏の御利益もお賽銭の多少による。

☆飴《あめ》と鞭《むち》（三四）

㊮きびしくする面と賃金を多く払う面で、経営者が労務管理（雇用）すること。

※【同義】百姓は生かさず殺さず

㊮農民から年貢を取り立てる時、最大限に搾取する方法。殺しては駄目。

☆網《あみ》にかかるは雑魚《ざこ》ばかり（三五）

㊮汚職などで犯罪に問われるものは下級の者。

☆【反対】大物は網をくぐる

㊮上級官吏や政治家は捜査の網を抜け無罪。

※蟻《あり》の熊野詣で（三六）

㊮蟻の列のように参詣人がつづく。鎌倉時代以降多くの庶民が熊野本宮に参った。

※【反対】同行二人の遍路

㊮影の弘法大師でも、二人が歩いているつもりなら心強い。実際は一人歩き。

※按《あん》ずるより生むが易し（三七）

㊮お産を心配する人が多いが、実際に生んでみると、それほどでもない。

☆【反対】心配ごとは命をちぢめる

㊮取越し苦労を続けていると、死を早める。

家を出れば七人の敵あり（四一）

家貧にして孝子出ず（四二）

☆**言い出《だ》し、こき出し、笑い出し**（三九）

㊙屁をひった本人が、まず臭いと言い出し、笑い出す。張本人のことをいう。

☆【同義】屁の三徳

㊙大腸にたまったガスを出すと心身が爽快。

☆**言うは易く、行うは難《かた》し**（四〇）

㊙口で喋るのは容易だが、実行は困難。

☆【反対】不言実行

㊙口で説教するのではなく、実際にやる。

※**家《いえ》を出れば七人の敵あり**（四一）

㊙昔の士は家を出ると多くの敵がいた。現在の競争社会ではライバルをいう。

☆【関連】家の戸は立てられるが、人の口は立てられない

㊙戸締りはできるが噂は止められない。

※**家《いえ》、貧《ひん》にして孝子出ず**（四二）

㊙孝行息子は貧乏の家から多く出る。

☆【反対】家豊かにして放蕩息子出る

㊙家が豊かであると、金があるため勤労意欲も少なく、子供も不良となる。

※**家《いえ》に鼠《ねずみ》、国《くに》に盗人**（四三）

㊙家には鼠が住みつき物をとり、国には盗人が絶えない。

☆【同義】役人と衝立はまっすぐには立たない

㊙役人は正直一辺倒では出世も出来ない。

※**怒《いか》れば鬼、喜べば仏**（四四）

㊙腹を立てていると鬼のような姿形となり、心を平穏にしていると仏のようになる。

☆【関連】怒りを柳に風と吹き流す

㊙腹がたっても、それを腹にもたず忘れる。

石橋を叩いて渡る（四七）

医者が手を放すと坊主の手に渡る（四九）

※遺恨《いこん》なり、十年一剣を磨く（四五）

(解)十年間恨みをもちつづけ、武術をきたえる。川中島の争い。

※【反対】汝の敵を愛せよ

(解)「敵を憎むのではなく、愛せよ」というキリストの教え。

※石《いし》が流れて、木の葉が沈む（四六）

(解)逆の方向に現実が進むことをいう。

※【同義】下克上

(解)下の階級のものが上層階級を逆転支配する。戦国時代など。

☆石橋《いしばし》を叩いて渡《わた》る（四七）

(解)丈夫な石橋でも安全を確認して渡る。何事も慎重にする。

☆【関連】危ない橋は渡らない

(解)用心深く行動する。

☆医者《いしゃ》のいの字と命のいの字（四八）

(解)医者は病人の命を預かってくれる。

☆【関連】葬式すんで医者話

(解)病人の死後、生前の医者の治療法を批判する。

☆医者《いしゃ》が手を放すと、坊主の手に渡る（四九）

(解)病人が死ねば、あとは坊主の世話になる。

☆【関連】医者の不養生、坊主の不信心

(解)医者はとかく不養生をし、また坊主も信仰心が薄い。

☆医者《いしゃ》がとるか、坊主がとるか（五〇）

(解)臨終にさいし、生き残るか、死ぬか。

※【関連】臨終の一念が来世をきめる

(解)死に際の心の持ちようによって、来世は地獄行にも極楽行にも行く。

衣食足りて、礼節を知る（五三）

以心伝心（五四）

☆医者《いしゃ》と坊主は年寄りがよい（五一）

(解)医者と僧は長年の経験のある長老がよい。

☆【関連】衣ばかりで和尚は出来ぬ

(解)僧は衣装以外に読経などの修行が必要。形ばかりでは勤まらぬ。

☆医者、仁術《じんじゅつ》より算術（五二）

(解)医者は患者を治すこと以外に自分の経営のことを考えねばならない。

☆【同義】医者は病を重く言い、大工は工事を軽く言う

(解)医者は患者に実際以上に病状を重く言い、大工は安心させるため軽く言う。

※衣食《いしょく》足りて礼節を知る（五三）

(解)礼儀作法は生活が安定して出来る。

☆【同義】盗人にも礼儀あり

(解)盗人仲間にも仁義がありエゴは通らぬ。

※以心伝心《いしんでんしん》（五四）

(解)悟りの境地を無言で教える。昔の職人が弟子に技術を伝授するやり方。

☆【反対】手取り足取り教える

(解)細かくマニュアルを教え理解させる。

☆急《いそ》がば回れ（五五）

(解)急いでいる時は、安全な迂回路を選べ。

☆【反対】拙速は巧遅にまさる

(解)多少出来が悪くても早いのがよい。

※一期一会《いちごいちえ》を大切に（五六）

(解)人生における出会いはいろいろの場合があるが、その出会いを生かそう。

☆【反対】人を見たら泥棒と思え

(解)世の中は物騒であり、安心できない。

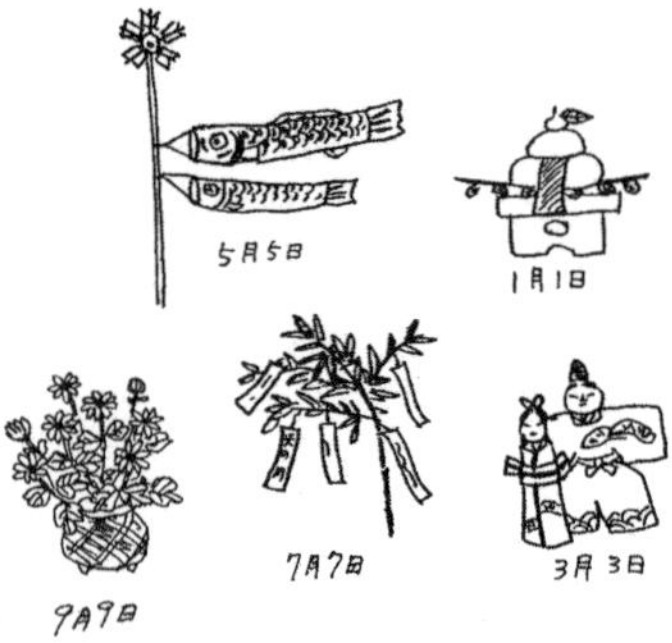

一、三、五、七、九の五節句（五七）

※一《いち》、三《さん》、五、七、九の五節供（五七）

(解)中国では旧暦の一、三、五、七、九というように節供（句）の月日にお祝いをする。

※【反対】六日のあやめ、十日のきく

(解)五月節供のあとの六日、九月節供のあとの十日は時季遅れである。

※一樹《いちじゅ》の陰、一河の流れも他生の縁（五八）

(解)旅先で同じ木陰で休み同じ水を飲むのも何かの縁があったためであろう。

※【同義】袖振りあうも他生の縁

(解)たまたま相手の人の袖と自分の袖とが振れあうのも単なる偶然とは思えない。

※一度《いちど》あることは二度ある（五九）

(解)同じことがくりかえされる。

※【反対】柳の下に何時もどじょうはおらぬ

(解)同じ場所に泥鰌はいない。偶然を期待してはいけない。

☆一度《いちど》見る、二度見直す（六〇）

(解)二回目は慎重に見直す。

☆【関連】三度目たしかめる

(解)三回目の点検は、もう一度徹底的に行う。

※一日《いちにち》作《な》さざれば一日食わず（六一）

(解)労働をせずして、徒衣徒食をしない。

※【反対】居候、三杯目には、そっと出し

(解)他人様の所でやっかいになっている者は、食事の時も多少遠慮する。

☆一年《いちねん》の計は元旦にあり（六二）

(解)年の始めに、その年の予定や計画を作る。

☆【反対】あとの祭り

(解)計画も実行も時期を失す。

一富士、二鷹、三茄子（六三）

※一《いち》富士《ふじ》、二鷹、三茄子（六三）

(解)初夢としていずれも縁起のよいもの。茄子はあだ花がなも胡瓜に比べ美味。

※【同義】茶柱がたつと縁起がよい

(解)茶の軸がたまたま浮くことを喜ぶ。

※一文《いちもん》惜しみの百知らず（六四）

(解)一文は戦前の一銭で現在は約五十円。小さなことにこだわって大損をする。

※【同義】一文吝（おし）みの百失い

(解)小さなことにこだわって大損すること。

※一文《いちもん》を笑うものは一文に泣く（六五）

(解)一文ぐらいと馬鹿にしていると一文の金がないごとで大変な苦労をする。

※【反対】爪で集めて、箕で捨てる

(解)こつこつと貯めた金を無駄遣いする。

※一葉《いちよう》落ちて天下の秋を知る（六六）

(解)ただ一枚の葉が落ちただけなのに、それで秋の気配を十分に感じとる。

※【関連】天下の憂いを先に、天下の楽しみを後に

(解)君主は民衆が憂う前に世の中の不安を心配する。民衆が喜んでから自分も喜ぶ。

☆一《いち》を聞いて十を悟《さと》る（六七）

(解)先のことまでがわかる理解のよい人。

※【反対】知らぬが仏

(解)つまらぬ話や嘘を聞かないこと、知らないことで腹をたてない。

☆一犬《いっけん》、影（虚）に吠《ほ》ゆ（六八）

(解)一匹の犬が人影に対し驚いて吠える。

☆【同義】百犬声に吠ゆ

(解)一匹の吠えた犬の声に付和雷同する。

五つ教えて三つ褒め（七三）

☆一鶏《いっけい》鳴けば、万鶏うたう（六九）

(解)一羽が鳴くと他の鶏はそれについて鳴く。

☆【関連】歌人はいながらにして名所を歌う

(解)歌詠みの人は、現地に行かなくとも各地の名所の歌を作る。

※一将功《いっしょうこう》なって、万骨枯れる（七〇）

(解)一人の名将が出るためには、万人の兵の犠牲があった。

※【反対】人は城、人は石垣

(解)武田信玄の城の堅固さは石よりも人間（将兵）の力。

※一寸《いっすん》の虫にも五分の魂（七一）

(解)小さなものにも魂がある。馬鹿にするな。

☆【反対】大男総身に知恵が回りかね

(解)体が大きすぎ、知恵が足りない。

※一敗《いっぱい》、地に塗《まみ》れる（七二）

(解)戦いで惨敗すること。

※【反対】将兵の意気、天を衝く

(解)意気が天をつくほど極めて高いこと。

☆五《いつ》つ教えて三つ褒《ほ》め、二つしかって善い人にせよ（七三）

(解)教育のやり方として十分に教える。叱ることは最小限にし、褒めることを忘れない。

☆【反対】褒め殺し

(解)異常に褒めて、却って相手を馬鹿にする。

☆いつまでも、あると思うな親《おや》と金（七四）

(解)親と金とは早晩なくなる。早く自立せよ。

☆【反対】何時までも親に甘える道楽息子

(解)道楽息子は親に甘え仕事に精を出さない。

井の中の蛙 大海を知らず
（七五）

命長ければ
恥多し
（八〇）

※井《い》の中の蛙、大海《たいかい》を知らず（七五）

㊮見識が少なく天下の事情を知らないもの。

※【関連】冬の蛙で、かんがえる

㊮冬（寒中）の蛙は冬眠の中でよく考える。

☆犬《いぬ》が西向けば尾は東向く（七六）

㊮あたりまえの事柄をいう。

※【同義】猫が肥えれば、鰹節やせる

㊮一方が大きくなると、他方は小さくなる。

※犬《いぬ》は三日飼えば三年の恩を忘れず（七七）

㊮犬は長く飼主の恩を忘れない。

※【関連】猫は三年飼っても、三日で恩を忘れる

㊮猫はわずか三日で新しい飼主に従う。

※犬《いぬ》も歩けば棒にあたる（七八）

㊮事をしようとすると、危険を伴う。

☆【関連】寝て吐く唾、顔にかかる

㊮自分のおかした罪は自己に罰が当る。

※居眠《いねむ》り空《から》念仏（七九）

㊮居眠りして念仏をうわの空で唱える。

※【反対】念力、岩をも通す

㊮一生懸命に思いつめると、その力は強い。

☆命《いのち》長ければ恥《はじ》多し（八〇）

㊮長生きするといろいろな事件に遭遇し恥をかくことが多い。

☆【反対】命長ければ運が開く

㊮長生きすると、幸運にもめぐりあう。

入るをはかって出るを制す（八一）

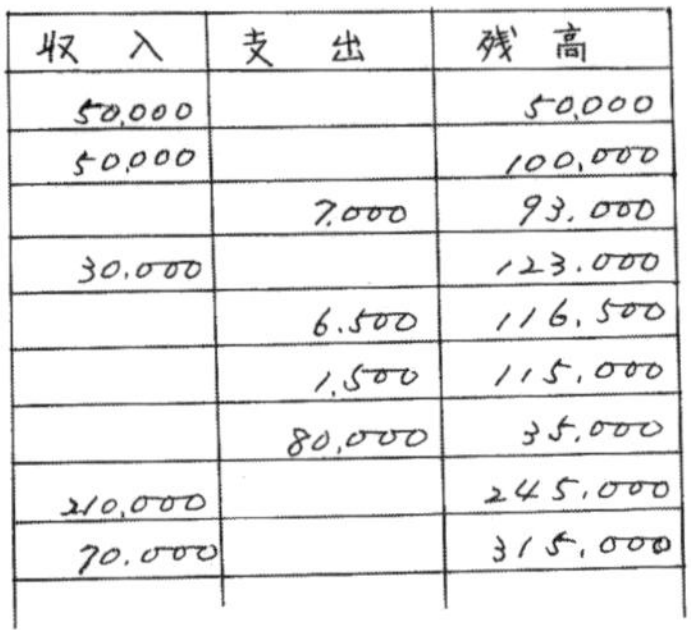

収入	支出	残高
50,000		50,000
50,000		100,000
	7,000	93,000
30,000		123,000
	6,500	116,500
	1,500	115,000
	80,000	35,000
210,000		245,000
70,000		315,000

色まち眺めて極楽（八三）

☆入るをはかって出《いず》るを制す（八一）

(解)収入相応の生活をする。家計の場合。

☆【関連】出るをはかって入るをきめる

(解)国は必要経費をはじき出して、次に税収などの歳入予算をきめる。

☆色気《いろけ》より食《く》い気（八二）

(解)色欲よりも食欲に関心が高い。

※【関連】一暇（ひま）、二金、三男

(解)男が女にもてるには、時間的余裕、金と美男子であることが条件。

※色《いろ》まちは眺《なが》めて極楽（八三）

(解)外から見ていると花柳界は華やか

※【関連】色まちは住んで地獄

(解)花柳界に住んでいる女たちは悲惨。

※鰯《いわし》の頭も信心から（八四）

(解)信仰は仏像よりも信心の心がけが大切。

※【反対】下駄も阿弥陀も同じ木の端

(解)信仰の対象である阿弥陀仏も、元は木の端である。境遇によってその地位が変化。

※因果《いんが》は巡る車の輪（八五）

(解)悪因により悪果がやってくる。

※【同義】一木一草各因果

(解)物は、それぞれの因果関係によって生成発展し、特徴をつくる。

☆上《うえ》には上がある（八七）

(解)上にはきりがない。貪欲に走る。

☆【反対】下には下

(解)下を見ればきりがない。現状に満足。

※魚心《うおごころ》あれば水心（八八）

㊎相互に好意をもちあい、仲良くする。

※【同義】水心あれば魚心

㊎水という環境がよければ魚もうまく育つ。

※牛《うし》が死んだので嫁を貰う（八九）

㊎牛が死んだので、労働力として嫁をもらい、仕事をさせる。

※【関連】牛売って馬を買う

㊎牛は足が遅いので足の早い馬に切替える。

※氏《うじ》なくして玉の輿（九〇）

㊎血統はあまりよくなくとも、女は美貌を買われ良家の妻となる。

※【関連】縞と女房はすきずき

㊎縞模様と女房は人によって好みが違う。

※牛《うし》にひかれて善光寺参り（九一）

㊎友の誘いで、嫌々行動をともにする。

※【反対】千万人と雖（いえど）も我行かん

㊎どんな困難に出くわそうと邁進する。

※牛の涎《よだれ》は十八町（九二）

㊎牛の涎はだらだらと長くつづく。

☆【反対】短気は損気

㊎気が短いと損をすることが多い。

※牛《うし》は牛連れ、馬は馬連れ（九三）

㊎同じ種類のものが集まる。

※【同義】同類相憐れむ

㊎同類の者がお互いに助け合って暮らす。

独活の大木
柱にならぬ
（九九）

嘘を言えば
舌を抜かれる
（九七）
閻魔大王

※牛《うし》も千里、馬も千里（九四）

（解）早くても遅くても同じ所につく。人の一生は同じ。

※【同義】田舎で暮らすも一生、江戸で暮らすも一生

（解）人生どこでくらしても苦労が多い。

☆嘘《うそ》つきは泥棒の始まり（九五）

（解）嘘つきをするのは泥棒するのと同罪。

☆【関連】老人の死にたいという嘘

（解）老人は時に、死にたいと口にするが、実行したためしはない。

☆嘘《うそ》も方便（九六）

（解）時と場合によっては嘘も許される。

☆【同義】法螺吹きの大嘘

（解）大げさに言う人も嘘つきの一味。

※嘘《うそ》を言えば舌を抜かれる（九七）

（解）嘘を言ったのは舌であるから。

☆【関連】嘘で固める

（解）すべてが嘘である。

☆歌《うた》は世につれ、世は歌につれ（九八）

（解）時代とともに流行歌が変わる。

☆【反対】万古不変

（解）いつまでも変わらないもの。

☆独活《うど》の大木、柱にならぬ（九九）

（解）形だけ大きくても内容が乏しい。

☆【反対】山椒はつぶでもピリリと辛い

（解）小さくても賢い人など。

※鵜《う》のまねする烏《からす》（一〇〇）

㊙自分の能力を知らない人間。

※【反対】敵を知り、己を知る

㊙自分の長所、短所をよく知る。

※馬《うま》には乗ってみよ、人には添うてみよ（一〇一）

㊙人や馬のよしあしは外見だけでは駄目である。自分で実際に体験することが大切。

☆【同義】物は見かけに寄らぬもの

㊙外見だけでものの判断をしてはいけない。

※馬《うま》は武士の宝（一〇二）

㊙武士にとって馬は大切な宝。馬は戦場で大きく機動力を発揮するから。

☆【反対】宝は身の仇（あだ）

㊙財産によって、時には身を亡ぼす。

☆馬《うま》が合う（一〇二—二）

㊙互いに気があう。

※【反対】馬に轡（くつわ）、牛に鼻輪

㊙人間が牛馬をコントロールする道具。

☆生《う》れながらの長老なし（一〇三）

㊙長老というのは、その分野の長い体験者。

☆【関連】若者の無分別

㊙教養のない若者が、無礼な行いをする。

※馬《うま》を買わずに鞍《くら》を買う（一〇四）

㊙馬を買わないで、鞍を先走って買うのは愚である。順序が逆。

※【反対】泥棒をみて縄をなう

㊙泥棒をみて、縄をなうのでは遅い。

生みの親より育ての親（一〇六）

※海《うみ》千里、山千里（一〇五）

㊎苦労人あるいは悪る賢い人間。

☆【同義】苦労、屈託、身のくすり

㊎いろいろと苦労し悩むことが大切である。

☆生《う》みの親より育ての親（一〇六）

㊎自分を生んでくれた親より、育ててくれた親の方に恩がある。

☆【反対】孝行したくないのに親がいる

㊎嫌な親がおり、孝行したくないという今の若者の気質。

☆売《う》り言葉に買い言葉（一〇七）

㊎喧嘩する相互間の悪口のやりとり。

※【同義】喧嘩と火事は江戸の花

㊎江戸の人たちは気が荒く、喧嘩や威勢のよい火事が多かった。

※瓜《うり》の蔓《つる》には茄子はならない（一〇八）

㊎瓜の蔓には値の高い茄子はならない。平凡な親から立派な子は生まれない。

※【反対】鳶（とんび）が鷹（たか）を生む

㊎鳥の仲間では最もすぐれているという鷹を、それより下の鳶が生んだという寓話。

☆売《う》り物には花を飾れ（一〇九）

㊎商人は売り物にはよい買い手がつくようにきれいに飾る。娘を着飾るのも同じ心情。

※【反対】腐った魚と呼び歩く魚屋なし

㊎商人はたとい半腐りの鯛でもそれを隠す。

※運《うん》を天に任す（一一〇）

㊎幸運をあせらずに待つ。

※【反対】運を開く

㊎努力して幸運が来るのを期待する。

雀は雀でよい

燕雀いずくんぞ鴻鵠の志を知らんや（一一五）

江戸の敵を長崎で討つ（一一三）

※運《うん》は寝て待て（一一二）

㊫幸運はあせっても駄目である。

※【反対】運を待つは死を待つに等し

㊫努力もせず幸運を待つのは、自分の死を待つのと同じく愚である。

※江戸《えど》の敵《かたき》を長崎で討つ（一一三）

㊫江戸にいるはずの敵が以外にも長崎にいたので長崎で討った。執念深いこと。

※【反対】敵の助言も善は善

㊫正しい意見は敵味方を問わない。

☆絵《え》に描《か》いた餅（一一四）

㊫実際には役に立たないもの、画餅。

☆【反対】花も実もある人生

㊫名実ともに備わっている人。

※燕雀《えんじゃく》いずくんぞ鴻鵠《こうこく》の志を知らんや（一一五）

㊫雀は大鳥などの考えはわからない。小人は大人の心がわからない。

☆【反対】希望は不幸な人の最後のより所

㊫不幸な人でも希望の光を失うな。

※縁《えん》なき衆生《しゅじょう》は度し難し（一一六）

㊫仏縁のないものを救うのはむつかしい。近寄ってこないものは、救えない。

※【反対】縁は異なもの、味なもの

㊫仏縁も男女間の縁も不可解なものである。

※縁《えん》の下の力持ち（一一七）

㊫世間では認められないが人の為に尽す。

☆【反対】晴れ舞台

㊫功績が認められ、賞賛される。

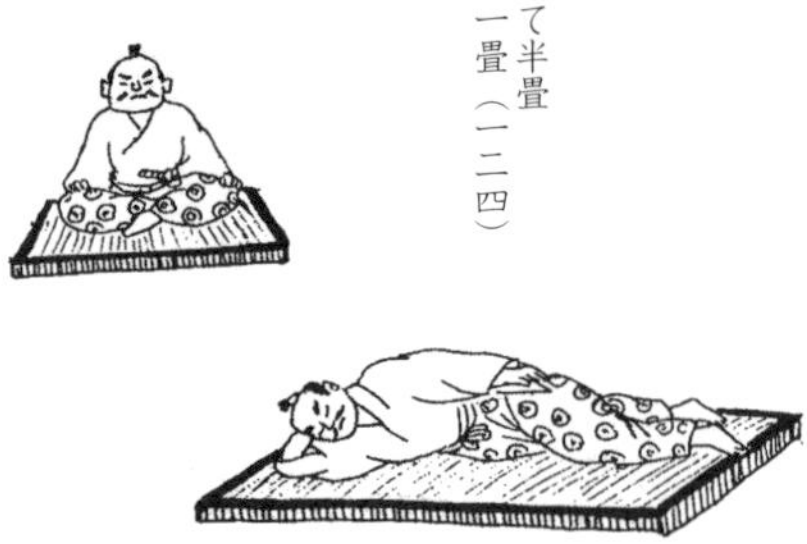

起きて半畳
寝て一畳（一二四）

※老《お》いては騏驎《きりん》も駄馬《だば》になる（一一九）

㊎立派な人物も老いては駄目である。騏驎というのは優秀な馬、聖人の乗物。ビールの麒麟は想像上の動物。

※【反対】老いたる馬は道を忘れず

㊎馬は老いても自分の通った道を忘れない。過去の経験が生きつづける。

※老《お》いては子に従え（一二〇）

㊎老人になると、心身ともに元気な子供に仕事や家事をまかすがよい。

※【反対】伯父が甥の草を刈る

㊎年のいった伯父が若い甥の田の草を刈る。逆転の姿。

※負《お》うた子に教えられ、浅瀬を渡る（一二一）

㊎自分より年若い者から教えられる。

☆【同義】岡目八目

㊎第三者のほうが客観的な判断力が強い。

☆大男《おおおとこ》総身に知恵が回りかね（一二二）

㊎体の大きい人を冷笑する言葉。

☆【同義】大男の見掛け倒し

㊎外見は立派でも、才知共に劣った男。

※近江《おうみ》泥棒、伊勢乞食（一二三）

㊎近江商人は抜け目がなく、伊勢商人は倹約家である。

☆【同義】泥棒に三分の理

㊎泥棒は自分の行いが悪いとは言わずひらき直る。仕事がないから犯行したなど。

☆起《お》きて働き、寝て死んでいく（一二四）

㊎健康な人は朝起きて仕事をし、夜は休息して一日、または一生を終わる。

☆【同義】起きて半畳、寝て一畳

㊎貴人も凡人も同じ一生である。

遅かりし由良の助（一二八）

小田原評定で兵動かず（一二九）

※驕《おご》る者久しからず（一二五）

㊖平家は源氏に亡ぼされたよりも、傲慢になって自滅したといわれる。

☆【反対】貧すれば鈍する

㊖貧乏になればなるほど鈍重となり、自力更生がむつかしくなる。

☆教《おし》えるは学ぶの半分（一二六）

㊖人に教えることは自分の勉強になる。

☆【同義】学びていとわず、教えてうまず

㊖嫌気をおこさず自ら学習し、人に教えて退屈しない。

※押《お》しても駄目なら、引いてみな（一二七）

㊖物事がうまくゆかぬ時は、やり方を変えてみるとよい。

☆【反対】押しの一手

㊖一方的に無理やりに押し通すこと。

※遅《おそ》かりし由良之助（一二八）

㊖大石蔵之助の登場が遅い（仮名手本忠臣蔵）。物事に遅れること。

※【反対】慌てる蟹は穴に入れぬ

㊖蟹が穴に入ろうとして右往左往し失敗すること。

※小田原《おだわら》評定で兵動かず（一二九）

㊖議論倒れで作戦や事業が進捗しない。

※【同義】洞ヶ峠を決めこむ

㊖どちらが勝つかを見、有利な方向へ作戦を進める（筒井順慶の戦法）。

※落《お》ちぶれても家柄（一三〇）

㊖いくら没落しても旧家として威張る。

※【反対】家柄より金柄

㊖家の格式より資産家が優位にたつ。

※男《おとこ》は度胸、坊主はお経（一三二）

(解)男は肝っ玉が大きく、坊主は読経が上手であることが必要。

☆【関連】女は愛嬌で人を殺す

(解)愛想がよく、芯が強い女は、男を支配する。

☆男《おとこ》心と秋の空（一三三）

(解)男心は秋の空のように変わりやすい。

☆【同義】女心と秋の空

(解)女心も男心と同じく変わりやすい。

※男《おとこ》やもめに蛆《うじ》がわき、女やもめに花が咲く（一三三）

(解)妻をなくした男の家では掃除もせずきたない。女の家では、夫不在できれいになる。

※【関連】男の早飯早糞早走り

(解)男は早飯を食い、用意も早くして仕事に精を出すことが必要。

☆驚《おどろ》き、桃の木、山椒の木（一三四）

(解)びっくりすること。語呂合わせ。

☆【反対】沈着冷静

(解)大胆で物に動じない。

※鬼《おに》か蛇《じゃ》か（一三五）

(解)悪人間をあらわす言葉。心の中のことは外からわからない。

※【反対】鬼も頼めば人食わん

(解)こちらから頼めば、相手は逆にえらそうにことわる。

※鬼《おに》が出るか、蛇《じゃ》が出るか（一三六）

(解)前途の不安を気にする。

☆【反対】前途洋々たる若者

(解)将来が明るい青年をいう。

鬼も十八、番茶も出花（一四〇）

※鬼《おに》に金棒（一三七）

(解)鬼に金棒を持たすと一層強くなる。

※【同義】鬼に煎餅

(解)鬼がかたい煎餅をかみ砕く。

※鬼《おに》の目にも涙（一三八）

(解)非情な鬼でも、時には感動して涙を流す。

※【反対】血も涙もない吸血鬼

(解)冷酷で人情心の乏しい人間。

※鬼《おに》の霍乱《かくらん》（一三九）

(解)霍乱とは夏の暑気あたりとか熱中症。達者な者の急病。

☆【同義】病気になって健康のありがたさを知る。

(解)健康な時は健康のありがたさがわからない。病気になっての健康対策では遅い。

※鬼《おに》も十八、番茶も出花（一四〇）

(解)鬼のような顔付きの女でも年頃は可愛い。

※【同義】老女の化粧、冬の月

(解)物悲しく哀愁を帯びる。

※帯《おび》に短し、襷《たすき》に長し（一四一）

(解)帯（三米）にも、襷（二米）にもならず不適なもの。

※【同義】尺も短き所あり、寸も長き所あり

(解)一寸の釘でも長すぎる、二尺の布でも短かすぎる、どれが適当か分らない。

※己《おのれ》の欲せざる所を人に施す事勿《ことなか》れ（一四二）

(解)自分の好まないことを人に強制しない。儒教的道徳。

※【反対】己の欲する所を人に奨める

(解)自分の好む所を人に対しても奨める。

※思召《おぼしめ》しより、米のめし（一四三）

(解)心で慰めてくれるより物がほしい。

※【反対】情けを仇で返す

(解)情けをくれた人に、恩ではなく仇で返す。

※思《おも》い立ったが吉日（一四四）

(解)どうしょうかと迷っている時、たまたま思いついた日に実行するのがよい。

☆【反対】待てば海路の日和あり

(解)嵐はいつまでもつづかないから、日和を待つ。迷っている時は慌てず、少し待つ。

☆思《おも》い内にあれば、色外に出る（一四五）

(解)心中の思いは、顔や動作にあらわれる。

☆【同義】色をも香をも、知る人ぞ知る

(解)自分の価値を知ってくれる人にはその値うちがわかる。そうでない人には無理。

※親方《おやかた》、日の丸（一四六）

(解)公営事業などの場合、経営が行き詰まると国が面倒をみてくれる。

※【関連】親方と女房は変えるほど悪くなる

(解)現在の雇主や女房は嫌だと言って変えると一層悪くなる。

☆親孝行《おやこうこう》と火の用心は灰にならぬ前（一四七）

(解)孝行は親の生きている間にする。

☆【反対】孝行したい時には親はいず

(解)親が死んでしまってから孝行したいと思ってもおそい。

☆親《おや》の意見と冷酒は後から利く（一四八）

(解)子供には不満なことでも親は先のことを考えて注意する。

☆【反対】過保護は子供を馬鹿にする

(解)親が子を溺愛すると、子は馬鹿になる。

※**親《おや》に似ぬ子は鬼子《おにご》**（一四九）

(解)子供が親と顔や性格などの点で違うこと。

※【関連】間男を、知らぬは亭主ばかりなり

(解)女房が夫以外の男と密通しているのを、知らない主人。無関心の戒め。

※**親《おや》の心、子知らず**（一五〇）

(解)親が子に対して持っている愛情を子供が知らない。不届き者の息子。

☆【反対】孝行したい時には親はいず

(解)子が親に対し孝行したいと思う年頃には、親はすでに亡くなっている。

☆**親《おや》の恥は子の恥、子の恥は親の恥**（一五一）

(解)親の破廉恥行為は子供にも及ぶ。他方子供の恥は親にも及ぶ。

☆【反対】恥を言わねば、理が通らぬ

(解)多少自分の恥さらしでも言わないと話の筋が通じない。

※**親《おや》は苦労する、子は楽をする**（一五二）

(解)親は事業をはじめたり、金を貯めることに苦労してきたことを子は気づかない。

※【反対】孫は河原で乞食する

(解)孫はぜいたくをし、財産を食いつぶす。

☆**親馬鹿《おやばか》、子馬鹿《こばか》**（一五三）

(解)親が子を溺愛すること。又、子は親に甘えすぎ自立しないこと。

※【同義】殿の大馬鹿

(解)殿様はえらそうにしているが、実は世間知らずの大馬鹿者である。

☆**親《おや》はなくても子は育つ**（一五四）

(解)親に死なれ、捨てられても、誰かが世話をしてくれる。

※【同義】捨てる子も軒の下

(解)誰もいない野山に捨てず、誰かが拾ってくれるよう家の軒下に捨てる。

女三人寄れば姦し（一五九）

女の力で岩戸を開ける（一六〇）
天の岩戸

☆尾《お》を振る犬は叩かれず（一五五）

(解)主人に従順な犬は叩かれることもない。

☆**【反対】吠える犬は打たれる**

(解)無闇に吠える犬は主人に打たれる。

※温故《おんこ》知新（一五六）

(解)古い知識の上に新しい知識を加味する。

☆**【同義】伝統を守る**

(解)長い間、うけつがれた生産生活様式の保存運動を起す。

※女賢《おんなさかし》うして牛売り損《そこ》なう（一五七）

(解)女は目先のことにとらわれ全体を見失う。

※**【同義】女の知恵は後へ回る**

(解)女の人はその場では黙り、あとから文句を言う。

※女《おんな》三界に家なし（一五八）

(解)封建社会では、女は生家、婚家、死後のいずれの世界にも安住の地がない。

※**【反対】朝雨と女の腕まくり**

(解)朝の一時雨や女の空威張りは怖くない。

☆女《おんな》三人寄れば姦《かしま》し（一五九）

(解)女が三人集って話をはじめると騒々しい。

☆**【関連】三人旅をすると、一人乞食**

(解)三人旅をすると二人は話し相手となるが、残りの一人は除け者となる。

※女《おんな》の力で岩戸を開《あ》ける（一六〇）

(解)女神が岩戸の前で裸で踊ったので天照大神が岩戸から出てきた。

※**【反対】開けて悔しき玉手箱**

(解)浦島太郎は開けるなと言われた玉手箱を開けると、煙だけが出た。

高いのは品うすですので
②売り
もっと安くしてくれ
①仕入れ
買叩き、売り惜しみで大儲け（一六七）

王様が立派な人物を招きたいならまず、このつまらない私隗を優遇することから始めてください。
郭隗
隗より始めよ（一六九）

☆女《おんな》、道《みち》によって賢し（一六二）

(解)女はそれぞれの芸事に努力すると立派になる。

※【反対】女の賢いのと東の空の明るいのは、当てにならぬ

(解)女が賢そうにしてもその賢明さは疑わしい。

※恩《おん》を仇《あだ》で返す（一六三）

(解)恩人に対し礼を尽くさない。

※【反対】恩を知らぬは畜生にも劣る

(解)動物でも親の恩は知っているのに、人間がそれを知らないのは恥かしい。

☆飼《か》い犬に手を噛《か》まれる（一六五）

(解)自分の飼っている犬でも油断をすると噛まれる。雇い人などから被害をうけること。

☆【同義】小娘に油断するな

(解)可愛い娘だと思って甘くみていると、大変なことになる。

※貝殻《かいがら》で海の量を計《はか》る（一六六）

(解)小さな貝殻では到底海の水量ははかれない。自分の見識はあまりにも小さいこと。

※【反対】雪隠（せっちん）で槍

(解)大きな槍では便所のような小さな所では使えない。力をもてあますこと。

☆買叩《かいたた》き、売り惜しみで大儲《おおもう》け（一六七）

(解)商人は仕入れの時は買叩き、売る時は売り惜しみで儲けをはたらく。

※【反対】売手、買手、世の中、三方よし

(解)近江商人は、仕入先、販売先そして世間全体に利益を与えていると自負する。

※隗《かい》より始めよ（一六九）

(解)私を認めてくれたら多くの人材も集まってくる。手近な所から始めよという。

☆【関連】弟子を見ること、師にしかず

(解)弟子の能力は師が一番よく知っている。

蛙の子は蛙（一七一）

やせ蛙負けるな一茶是にあり

柿が赤くなる秋（一七三）

※海中《かいちゅう》で溺死するものより、盃中で溺死するもの多し（一六八）

（解）海でおぼれ死ぬ人よりも、酒におぼれて死ぬ人のほうが多い。

※【反対】酒は百薬の長

（解）酒の効能はきわめて大きい。

☆帰《かえ》る客は、留《と》める（一七〇）

（解）帰りたいという客に対しては、ぜひ泊まってくれとすすめる。お世辞を言う。

☆【反対】帰ればやれやれ、泊り客

（解）大事な客でも帰ってくれたらやれやれである。本音の気持ち。

※蛙《かえる》の子は蛙《かえる》（一七一）

（解）子が親に似ること。

※【反対】鳶（とび）が鷹をうむ

（解）平凡な親が優れた子供を生む

☆顔《かお》は人の看板《かんばん》（一七二）

（解）顔の形や表情は人の性格を現わす。

☆【反対】看板に偽りあり

（解）看板より悪い品物を売る。内と外との違い。

※柿《かき》が赤くなると医者が青くなる（一七三）

（解）秋になると病人や患者が少なくなり、医者は困る。

☆【関連】医は息のしている病人を直す

（解）医者は心臓や呼吸の止まった病は治せない。

※餓鬼《がき》の断食《だんじき》、悪女の賢者ぶり（一七四）

（解）特に立派なことをしたように言いふらす。

※【反対】平常心、是れ道

（解）常に平静な心境を保つ悟りの境地。

学者の三根（一七七）

☆学者《がくしゃ》と大木は俄かに出来ぬ（一七五）

㊫学者には長い間の研究の蓄積が必要。

☆【反対】物知りは物知らず

㊫断片的知識を知っているだけでは学者といえない。学者は物の本質の究明が必要。

※学者《がくしゃ》のとった天下なし（一七六）

㊫学者には知識はあるが、政治的才能がないので天下をとれない。

※【反対】男は天下を動かし、女はその男を動かす

㊫天下を動かすのは男であるが、その男をあやつるのは女である。

※学者《がくしゃ》の三根（利根、気根、黄金《きこん》）（一七七）

㊫学者の条件として、器用さ、根気、資産。

※【関連】学者、「〃お〃〃と〃〃を〃」に気を使う

㊫語尾の「お」と「を」の使い方がむつかしい。

※学者《がくしゃ》と役者は貧乏（一七八）

㊫学者は金儲けが下手。

☆【反対】学者にもノーベル賞（一九〇一年創設）

㊫物理、科学、生物医学、文学、平和、経済学の六部門に賞金が出る。

☆学者《がくしゃ》は国の宝（一七九）

㊫学者は国の政治や文化の向上に貢献。

☆【同義】学者の、「むしゃ、くしゃ」

㊫学者にはいらいらの癖がある。

☆学者《がくしゃ》は誤りがあれば正す（一八〇）

㊫学者は自分の主張している学説が誤っていることがわかれば素直に訂正する。

☆【反対】無学の高慢は、学者の高慢よりも高慢

㊫無学のものは最後まで横車を押す。

陰では王様の噂もする（一八二）

☆学問《がくもん》に王道なし（一八一）

㊖学問は日進月歩し安泰ではない。

☆【同義】学者、二代続かず

㊖学者の子は親の研究を続けない。

※陰《かげ》では王様《おうさま》の噂《うわさ》もする（一八二）

㊖表面では言えないが、陰で悪口を言う。

☆【反対】己（おのれ）の長をとくこと勿れ

㊖自分自身のことについて自慢話をするな。

※駕籠舁《かごかき》、駕籠に乗らず（一八三）

㊖駕籠をかく身分の低い人は到底駕籠などに乗れない。人のために働くだけ。

※【関連】駕籠に乗る人、駕籠かつぐ人、その又草鞋をつくる人

㊖職業の相違が身分と関係していること。

※笠《かさ》の中の刀（一八四）

㊖卑屈な武士は笠の中に刀を隠す。

※【反対】武士に表裏なし

㊖武士は誠実であって二枚舌を使わない。

※苛政《かせい》は虎よりも猛々《たけだけ》し（一八五）

㊖過酷な政治は虎の襲撃にあった時よりもきびしい。年貢のきびしい徴収など。

※【関連】善政よりも善教

㊖善教とは道徳を教える教育で、儒教の政治理念をいう。

※風《かぜ》が吹けば桶屋が儲《もう》かる（一八六）

㊖風が吹くと、まわりまわって桶屋の仕事がふえ儲かる。予想外に影響が及ぶ。

※【同義】因果は巡る車の輪

㊖因果応報は車の輪のように回っている。

刀は武士の魂（一九一）

平和時は無用の長物

隔靴掻痒
靴の上からかゆい所を掻く
（一九二）

※稼《かせ》ぐに追いつく貧乏なし（一八七）

(解)毎日まじめに働いていると貧乏などしない。

※【反対】稼ぐに追いぬく貧乏神

(解)働けど働けど貧乏から抜け出せない。

☆風邪《かぜひき》は万病のもと（一八八）

(解)風邪を引いて無理をしていると他の病気をおこしやすい。

※【反対】阿呆は風邪を引かぬ

(解)半ば俗信の諺であるが、心身ともにのんびりしているものは風邪をひかない。

☆堅《かた》い木は折れる（一八九）

(解)頑強な人は無理するため急に倒れる。

☆【反対】柳に雪折れなし

(解)柳は弱々しくとも弾力性がある。病弱な人が案外長生きする。

☆片手《かたて》で錐《きり》はもまれぬ（一九〇）

(解)仕事をするには人々の協力が必要。

☆【同義】夫婦は一心同体

(解)夫婦は心身ともに一つになることが必要。

※刀《かたな》は武士の魂（一九一）

(解)昔の人は刀を武士の魂として大切にした。

※【反対】昔の剣、今は菜切り包丁

(解)現在はかつての名刀も大根を切る包丁にしか使われない。老齢化すると役に立たない。

※隔靴掻痒《かっかそうよう》（一九二）

(解)靴の上から掻痒はかゆい所をかく。思うように事がはかどらないこと。

☆【反対】痒い所へ手が届く

(解)気配りして他人の世話をする。

※渇《かつ》すれど盗泉《とうせん》の水を飲まず（一九三）

㊫いくら困っていても人の物は盗まない。

※【反対】盗みをせぬは神ばかり

㊫人間には誰にも多少とも盗み心がある。

※勝《か》てば官軍、負ければ賊軍（一九四）

㊫かつて官軍だった西郷隆盛も西南戦争に負け、賊軍となるという。

☆【反対】悪法も法である

㊫社会的正当性を欠く法律でも、国の法律として存在し違反者を罰するという矛盾。

※我田引水《がでんいんすい》（一九五）

㊫利己的な行いをする。

☆【反対】一人は万人のために、万人は一人のために

㊫互いに助け合う共同組合的精神。

※瓜田《かでん》に履《くつ》を入れず（一九六）

㊫疑われやすい行為はしない。

※【同義】君子危うきに近寄らず

㊫危険な所に近づかない。

※鼎《かなえ》の軽重《けいちょう》を問う（一九七）

㊫統治する人の能力を疑い天下を支配しようとする大きな野心。

※【関連】重き忠義に軽き命

㊫大きな仕事を果たすため自分の心身を没入する。現在は会社人間など。

※金《かね》あれば、馬鹿も旦那（一九八）

㊫本人の能力ではなく、金の権威で旦那。

※【反対】金はあの世の土産にならぬ

㊫死んであの世へ金は持っていけぬ。

☆**金《かね》が金《かね》を儲《もう》ける**（一九九）

(解)金を貸すと利子を生み、雪だるま式に大きくなる（西鶴の言葉）。利子生み資本。

☆【反対】金を湯水のように使う

(解)金を無駄使いする。

※**金貸《かねか》し長者、三代つづかず**（二〇〇）

(解)金貸しの儲けた金は不労所得的性格のため親も子も無駄使いを行い貧乏となる。

※【反対】百姓長者は長続き

(解)百姓によってためた金は、汗水出して得た金なので、支出も無駄使いしない。

※**金《かね》と塵《ちり》はたまるほど汚い**（二〇一）

(解)金持ちはとかく欲深く、使い道も汚い。

※【反対】大判、小判はたまるほど輝く

(解)お金はたまるほど威力を発揮する。

※**金《かね》なき者、金《かね》を使う**（二〇二）

(解)貧乏な人は入ってきた金を計画的に使わないで浪費する。

※【反対】金持ち金を使わず

(解)金持ちは余裕があるため金は貯蓄し、手元に置かないので無駄な支出をしない。

☆**金《かね》の切れ目が、縁の切れ目**（二〇三）

(解)金のある間は交際も多いが、なくなると人もよりつかない。

☆【関連】友は金で買えない

(解)真の友（友情）は金ではなく、心と心との結びつきである。

☆**金《かね》は、義理、人情、交際の三つを欠いて溜まる**（二〇四）

(解)義理、人情、交際への金の支出を節約し、貯蓄する。

※【関連】金が恨みの世の中

(解)金のことで争ったり、借金の返済で困ったりして、ともかく金は苦しみの原因。

株を守りて
兎を待つ
（二一〇）

金持は
見栄をはる
（二〇七）

☆金《かね》は天下の回りもの（二〇五）

解金（貨幣）は、個人、企業、政府などの間で循環する。

※【関連】金は貸すとも借らない

解金は人に貸すのはよいが、借りることはよくない。友を失うため。

☆金持《かねも》ちの大盤《おおばん》振るまい（二〇六）

解金持ちは、仲間を招いて盛大な宴会などを行い、自分を誇示する。

☆【反対】金持ちは小銭に困る

解金持ちは事業資金など大金を取り扱うが、小銭を使うことが少ない。

☆金持《かねもち》は見栄をはる（二〇七）

解金持は自慢たらしく外見を立派に見せびらかし喜ぶ。

※【反対】金なくて極楽

解金のない貧乏人のほうが却って気を使わず楽である。やせ我慢か？

☆金《かね》を貸せば友を失う（二〇八）

解友に金を貸すと、友はその金を返す時、喜ばない。又持ち逃げする友もある。

☆【同義】親切が仇

解親切にしてやって、却って友から恨まれる。

☆金《かね》をとるより、名をとれ（二〇九）

解金儲けに奔走せず、名誉ある仕事をせよ。

※【同義】家柄より芋柄

解家の血筋にこだわるより、金儲けに励む。

※株《かぶ》を守りて兎《うさぎ》を待つ（二一〇）

解切り株に兎が衝突するのを待つ。思いがけぬ幸運を待つ。

※【反対】幸いなるかな貧しき者よ（聖書）

解貧しい人は信仰心が厚く、天国へ行けるから幸福。

※壁《かべ》に耳あり（二一一）

(解)誰もいないと思って秘密話をしても壁は聞いている。内緒話に気をつけること。

※【反対】公明正大、天を畏れる

(解)自分の言動は公明正大で、少しも恥かしいことはしていない。

※果報《かほう》は寝て待て（二一二）

(解)幸運はあせっても駄目で、じっくり待て。

※【関連】身に過ぎた果報は禍の元

(解)思わぬ幸運が却って不幸を招く。

※神《かみ》に愛されるものは幸である（二一三）

(解)心がよこしまでなく、信仰心の強いものは神にも愛され、幸福に暮らす。

※【反対】神に愛されたものは若死にする

(解)若死にした人を慰める言葉。

※亀《かめ》の甲より年の功（二一四）

(解)年長者は経験が豊かで優れている。

※【反対】騏驎も老いては駄馬に劣る

(解)優れた人物でも老衰すると駄目になる。

☆烏《からす》はどれも黒い（二一五）

(解)当然のことを言う。

※【同義】阿呆は死なきゃ治らない

(解)知恵遅れの人は、終生知恵遅れである。

※画龍点睛《がりゅうてんせい》を欠く（二一六）

(解)最後の仕上げがなされていないこと。龍に眼を入れると昇天するといわれる。

※【同義】竜頭蛇尾

(解)頭が大きく尻すぼみ。最後は駄目になる。

借りる八合、
返す一升
（二一七）
ありがとうございました

河越してから宿をとれ
（二二二）

※借《か》りる八合、返す一升（二一七）

解 八合の米を借りた場合、返す時は二合の利子（約二五％）をつけて一升で返す。

※【関連】為政者、利して利するなかれ

解 人民の利益を考えて政治を行い、自分の利益は第二にせよ。

※枯木《かれき》も山の賑わい（二一八）

解 枯木でも山に残っていると裸山よりはましである。老人やつまらぬ者でも役立つ。

※【反対】生きている犬は、死んだライオンに勝る

解 いくら立派なライオンや虎でも、死んだら犬や猫にも劣る。

※彼《かれ》を知り、己を知れば、百戦危うからず（二一九）

解 自分と相手の力を比べて戦争をすれば負けることはない。

※【反対】天上天下、唯我独尊

解 自分は世界の仲で最も尊い存在であるといわれる（釈迦の言葉）。

※可愛《かわい》い子には旅をさせ（二二〇）

解 昔の旅は苦労が多かったので、心身の鍛練のため子供には旅をさせるのがよい。

※【反対】旅に女と犬は連れぬがよい

解 昔は足の弱い女や手足まといになる犬は連れない方がよいとした。

☆可愛《かわい》さ余《あま》って憎さ百倍（二二一）

解 愛している人の間でも、一度仲が悪くなると人一倍相手を憎む。

※【関連】君子の交わりは水の如し

解 君子の交際は深入りせず淡白である。

※河越《かわこ》してから宿をとれ（二二二）

解 大水が出ると川を渡れないので、先に川越をする。あとの苦労を先にする。

☆【同義】年寄りの取越し苦労

解 老人は先々のことまで心配しすぎる。無駄な心配をする。

☆**考《かんが》えは雪隠《せっちん》と一人風呂**（二二三）

（解）便所や風呂は雑音が入らず、又気分が変わり良い考えが出る。

☆【関連】下手な考え休むに似たり

（解）碁や将棋で相手の長考を笑う。

※**汗牛充棟《かんぎゅうじゅうとう》**（二二四）

（解）蔵書が山ほど多いこと。

☆【関連】本を買う人、借りる人、つんで置く人

（解）読書家のタイプとして、買って読む人、借りて読む人、読まず積んでおく人。

※**諫言《かんげん》は耳に逆らう**（二二五）

（解）忠言されると気にくわない。

☆【関連】苦言は薬、甘言は毒

（解）嫌なことでも注意してくれるのは薬であり、お上手ばかり言われるのは毒。

☆**癇癪《かんしゃく》持ちの事《こと》破り**（二二六）

（解）怒りっぽい人間は話し合や物事を破壊する。

※【同義】癇癪もちは小狂人

（解）怒りっぽい人間は我がままで狂人である。

☆**勘定《かんじょう》合って銭たらず**（二二七）

（解）帳簿上の収支計算は間違いないが、手持ち現金とあわない。

☆【同義】余る勘定は、足らぬ勘定

（解）帳簿上黒字が出るのは計算の間違いであって、どこかに損のところがあるはず。

※**韓信《かんしん》の股《また》くぐり**（二二八）

（解）つまらぬ男とは争わず、負けるが勝ち。

☆【反対】自慢、高慢、馬鹿のうち

（解）自分のことをほめたり、高ぶったりするものも、馬鹿人間と言ってよい。

※**肝胆《かんたん》相照らす**（二二九）

㊮真に心の中をうちあけて交際する友。

※【反対】疑心暗鬼に陥る

㊮相手を信用せず、疑ってかかる。

※**邯鄲《かんたん》の夢《ゆめ》**（二三〇）

㊮夢で見た栄華は儚く終わる。盧生のみた短い夢。

※【同義】夢は五臓の疲れ

㊮夢は内臓の肝心脾肺腎の疲れによる。

☆**艱難《かんなん》汝《なんじ》を玉にする**（二三一）

㊮苦しいことに耐えることで、その人間を立派にする。

☆【同義】雨降って地固まる

㊮困難なことに耐えて、あと良くなる。

※**堪忍《かんにん》五両、思案《しあん》十両**（二三二）

㊮忍耐と熟慮はきわめて重要である。

☆【反対】下手な考え休むに似たり

㊮才能のない人はいくら思案しても駄目。

☆**看板《かんばん》に偽《いつわ》りなし**（二三三）

㊮看板通りの商品を正直に売っている。表裏のないこと。

☆【反対】看板に偽りあり

㊮看板と現物とに相違がある。ごまかし。

※**棺《かん》を蓋《おお》いて事定まる**（二三四）

㊮故人の業績は死後に於いて正しく評価される。

☆【関連】褒手千人、悪口万人

㊮世間の業績評価は悪く言う人のほうが多い。

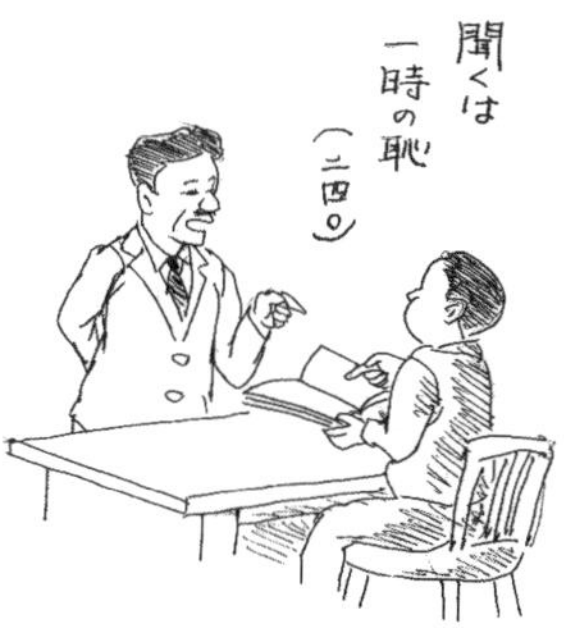

※聞《き》いて極楽、見て地獄（二三六）

(解)話に聞くのと実際に見るのとでは大違い。自分で実地検証が必要。

※【反対】冥土の道に貴賤なし

(解)死後の世では、すべての人は平等。

☆気《き》が利いて、間が抜ける（二三七）

(解)注意心があるのに、どこか手抜かりがある。

※【反対】あとで気のつく、てんかん病い

(解)自分の言った言葉使いの非を後で気がつく。

☆飢饉《ききん》は海から（二三八）

(解)飢饉は冷害からおこる。東北地方ではオホーツク海の寒流による影響が大きい。

※【同義】豊年の飢饉

(解)豊作の年は米価が下がり豊作貧乏となる。

※菊《きく》が栄えて、葵《あおい》が枯れて、西に駒の音がする（二三九）

(解)幕末の世相。薩長の勢いが強まり、幕府の危機がおこる。

※【同義】栄枯盛衰世のならい

(解)隆盛と衰退とが繰返される。

☆聞《き》くは、一時の恥（二四〇）

(解)自分の知らないことを他人に聞く時は恥かしいが、その時だけですむ。

☆【反対】聞かぬは一生の恥

(解)聞かないと、その知識情報は一生得られないので大恥をかく。

※樹《き》静かならんと欲すれど、風止まず（二四一）

(解)木は静かにしたいと思っても風（環境）によって動かされる。

※【反対】千万人と雖（いえど）も吾行かん

(解)どんな悪環境でも自分の意志を貫く。

奇蹟を信じさせる新宗教（二四四）

※木《き》七《しち》、竹八、塀十月（二四二）

㊮木を伐るのは旧暦七月、竹は八月が成長がとまり適期。土塀は乾燥期の十月がよい。

☆【同義】娘十八、花なら蕾

㊮女子は数え年十八歳頃が最も美しく、結婚期である（現在は高学歴で晩婚）。

※雉《きじ》も鳴かずば撃たれまい（二四三）

㊮余計な発言をすると、自らを亡ぼす。

※【反対】沈黙は金

㊮よけいなことは言わないのが賢明。

※奇《き》蹟《せき》を信じさせる新宗教（二四四）

㊮新宗教は科学万能の現代でも神秘主義に立って偶然性を強調する（邪教）。

※【反対】正法（しょうほう）に奇蹟なし

㊮正しい宗教は神秘主義を退ける。

※木《き》で鼻《はな》くくる（二四五）

㊮無愛想であること。すげないこと。

☆【同義】愛想も興も尽き果てる

㊮相手に対する愛情も興味もなくなる。

※来《き》てみればさほどでもなし富士の山（二四六）

㊮聞いた話と実際とはかなり違う。

※【同義】聞いて極楽、見て地獄

㊮実際の姿は期待はずれである。

※木《き》に竹をつなぐ（二四七）

㊮木と竹は外見は似ているようであるが、つなぎ合わせは無理。

※【同義】夫婦は合わせもの、離れもの

㊮夫婦は仲良く結ばれている時もあるし、別れることもある。

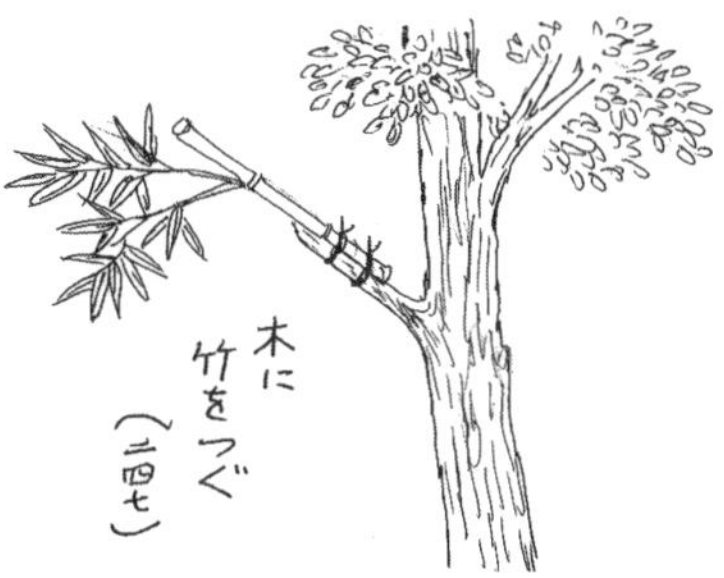
木に
竹をつぐ
（二四七）

竹は
さきから
刃物を入れる
（二五四）

※木《き》は桧《ひのき》、人は武士（二四八）

解 木の中では桧、人の中では武士が最高という士農工商的考え方。

☆【反対】木を数えて林を忘れる

解 全体を忘れる。森を見ないと同じ。

※狐《きつね》の嫁入り（二四九）

解 太陽が照っているのに局地的に雨が降る状態をいう。日照り雨。

※【関連】狐は稲荷の眷属

解 狐は稲荷のお使い。一族郎党。

※昨日《きのう》の敵は今日の友（二五〇）

解 仲が悪かったのが、和睦して仲がよくなる。

※【同義】昨日の淵は今日の瀬

解 川の流れが変わり、深い所に砂がたまり浅くなること。世の中が急変すること。

※昨日《きのう》は人の身、今日は我が身（二五一）

解 不幸はいつくるかわからない。人の不幸を人ごととせず教訓とせよ。

※【同義】今日は人の身、明日は我が身

解 死や不幸はいつやってくるかわからない。

☆気《き》は心（二五二）

解 少しのものでも、その気持ちがうれしい。

☆【反対】気がきいて間がぬける

解 注意しているのに、どこか間が抜けている。

☆木《き》もと、竹さき（二五四）

解 木を割る時には根元から、竹はさきの方から刃物を入れると割れ易い。

※【関連】綿を切る馬鹿、真綿を切らぬ馬鹿

解 木綿の綿を切る時は手でちぎる、絹の真綿ははさみできる。

鬼門除けには鬼瓦（二五五）

窮鼠《きゅうそ》猫を噛む（二六〇）

※鬼門除《きもんよ》けには鬼瓦（二五五）

㊎乾（いぬい）の方向の鬼門（悪魔）を押えるために、屋根に鬼瓦をおく。

※【関連】鬼の霍（かく）乱

㊎いつも元気な人が急に病気になる。

☆客《きゃく》三杯、亭主八杯（二五六）

㊎客を招いて酒盛りをすると、客よりも主人の方がよく飲む。

※【関連】尻の長い客には箒をたてる

㊎客が早く帰ってくれるように、まじないをする。

☆客《きゃく》の朝起き（二五七）

㊎泊り客が朝早く起きると家の人は困る。

☆【反対】宵っぱりの朝寝坊

㊎夜更かしをして、朝遅くまで寝る。

☆杞憂《きゆう》に終わる（二五八）

㊎因果関係のない事に取越し苦労をする。

※【反対】因果は車の輪の如し

㊎原因と結果の関係は車の輪のように回ってくる。善因善果、悪因悪果。

※九仞《きゅうじん》の功《こう》、一簣《き》にかく（二五九）

㊎山を築く大仕事も最後の一杯が大切。気をゆるめると最後の所で失敗する。

☆【関連】最後に笑うものは最もよく笑う

㊎仕事を完成させた時の喜び。

※窮鼠《きゅうそ》、猫《ねこ》を噛《か》む（二六〇）

㊎いざとなれば弱者でも強者と戦い、勝つ。

※【同義】女は弱けれど、母は強し

㊎女は体力的には弱いが、母という責任感をもつと強くなる。

遠くて近きは男女の仲（二六五）

※牛頭《ぎゅうとう》をかかげて、馬肉を売る（二六一）

（解）看板は立派なものを出し、実際に売るものは悪いという悪徳商法。

☆【同義】騙す奴、騙される奴

（解）騙す商人（売り手）も悪いが、騙される買い手も馬鹿である。

※牛刀《ぎゅうとう》を以って鶏《にわとり》を割《さ》く（二六二）

（解）小さな仕事に不相応な大きな道具を使う。

※【同義】正宗で薪を割る。

（解）大切な道具をつまらぬことに使う。

※朽木《きゅうぼく》は雕《え》るべからず（二六三）

（解）腐った木で彫刻しても無駄。素質の悪いものは駄目。

※【反対】弘法は筆を選ばず

（解）名筆家である弘法は筆のよしあしにこだわらない。素材や道具は第二である。

☆器用《きよう》貧乏、人宝《ひとたから》（二六四）

（解）手先の器用な人は人々には重宝がられるが、本人は金儲けが下手。

☆【関連】左利の器用者

（解）左利きは右手も仕事ができ、仕事が早い。

☆兄弟《きょうだい》は他人のはじまり（二六五）

（解）同じ父母から生まれた兄弟は本来は親しいが、利害関係によって対立が起きる。

☆【反対】遠くて近きは男女の仲

（解）男と女の関係は他人としては遠いが、恋愛や結婚をすると親しい仲となる。

☆京《きょう》に田舎あり（二六六）

（解）都である京都でも、周辺は田舎である。よい所にも悪い所がある。

☆【反対】住めば都

（解）不便な田舎でも長年住んでいると楽しい。

京の着倒れ（二六七）

木を見て森を見ず（二七〇）

※京《きょう》の着倒れ、大阪の食い倒れ（二六七）

(解)京都の人は着物、大阪の人は美食にこる。

※**【同義】**紀州の着倒れ、水戸の飲み倒れ、尾張の食い倒れ

(解)御三家の各所在地毎の風習の違い。

※漁夫《ぎょふ》の利（二六八）

(解)当事者が争っている時第三者が乗っとる。

※**【反対】**火中の栗を拾う

(解)決死の覚悟で行動する。

※義理《ぎり》とふんどし、かかねばならぬ（二六九）

(解)世間のつきあいを行うことが必要である。

※**【反対】**義理や見栄をはるより、我が頬を張れ

(解)世間体を飾るより自分のすべきことをまず行うべきである。

☆木《き》を見て森を見ず（二七〇）

(解)部分だけみて全体を見ない。

☆**【同義】**木を数えて林を忘れる

(解)全体の姿を忘れる。

※義《ぎ》を見てせざるは勇なきなり（二七一）

(解)正義感を感じながら実行しないのは勇気（義侠）がないからである。

※**【同義】**義理ほど辛いものはない

(解)義理を欠かぬようにつきあう事の苦労。

☆金銭《きんせん》は親子も他人（二七二）

(解)金銭の貸借については、親子の間でも他人同様にきびしい。

☆**【反対】**親子は義理と人情

(解)親子の関係は愛情関係以外に、礼儀も必要。

※食《く》うた餅より心持ち（二七四）

㊖物よりそれをくれた人の心持ちがうれしい。

※【同義】搗いた餅より心持ち

㊖物を呉れる人の心持ちに感謝する。

※愚公《ぐこう》、山を移す（二七五）

㊖愚公は、もっこをもって一鍬づつ山土を掘り、山を動かした。根気の大切さの話。

※【反対】三日坊主

㊖根気がなく仕事や芸事をすぐやめる。

☆腐《くさ》っても鯛《たい》（二七六）

㊖値打ちのあるものは朽ちても価値をもつ。

☆【反対】腐ったものに虫がわく

㊖腐れば駄目である。

※愚者《ぐしゃ》の百行より、知者の居眠り（二七七）

㊖愚かな者が努力して行っても立派なものはできない。

☆【反対】傍目百目

㊖当事者よりも第三者のほうが正しい判断。

☆鯨《くじら》、大海を泳ぐ（二七八）

㊖大きな鯨が大海を悠々と泳ぐ。大人物の行動の姿。

☆【反対】よく泳ぐものはよく溺れる

㊖熟練者でも失敗することがある。

☆薬《くすり》人を殺さず、医者人を殺す（二七九）

㊖薬自身が患者を殺したりはせず、薬を処方する医者のやり方で生死がきまる。

☆【反対】一に看病、二に薬

㊖病人に対しては先ず第一に病気の状態を聞き看護する。その次に薬を与える。

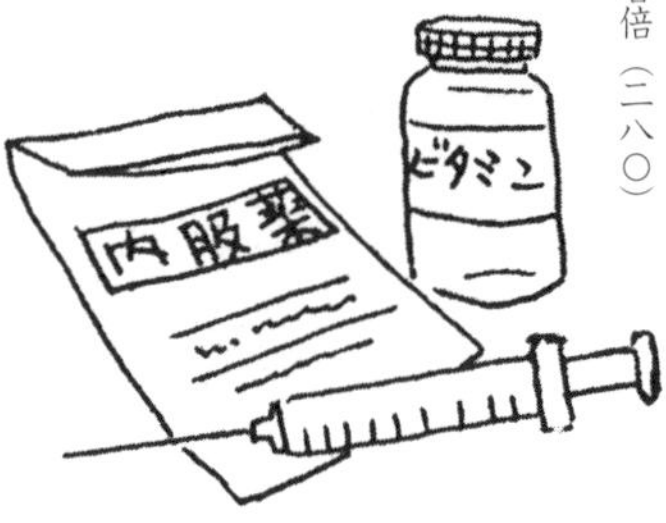

薬九層倍（二八〇）

口八丁、手八丁（二八五）

※薬《くすり》九層倍（二八〇）

㊮医者、又は薬屋は原価の九倍で患者に薬を売る。大儲けすることの譬。

※【同義】按摩、つかみどり

㊮按摩は少しも道具を使わずに料金をとる。

☆薬《くすり》は毒ほど効かない（二八一）

㊮薬はよく効くといっても毒ほど効かない。

☆【関連】薬よりも養生が第一

㊮病気になったら薬を飲むより心身を休養させることの方が大切。

※口《くち》では、大阪城もたつ（二八二）

㊮お金や資材なども用意せず、口先で城つくりを放言する。

※【反対】君子は口を惜しむ

㊮君子はあまり無駄口を言わない。

☆口《くち》と財布は締めるが得（二八三）

㊮口も財布もむやみに開けない方がよい。

※【同義】口と褌は堅く締めよ

㊮放言と女色をつつしむことが必要。

※口《くち》に蜜《みつ》あり、腹に剣あり（二八四）

㊮口先は上手であるが、心の中は陰険。

☆【反対】内に誠あれば、外にあらわれる

㊮心が誠であれば言動などにも誠意がでる。

☆口《くち》八丁、手八丁（二八五）

㊮口も達者であるし、腕前の方も優れている。

※【同義】文武両道

㊮学問の方も、武道の方も優れた人。

苦しい時の神頼み（二九〇）

クレオパトラの高い鼻（二九二）

☆**口《くち》は禍の元**（二八六）

㊙発言によっていろいろのトラブルを起す。

※【反対】禍を転じて福となす

㊙不幸のあと、用心して却ってよくなる。

※**国《くに》破れて山河あり、城春にして草木深し**（二八八）

㊙戦争に負けたが、故郷の自然は昔のまま残っている（杜甫の詩）。

☆【関連】自然界には無駄は何一つとしてない

㊙自然界は淘汰の原理により、残っているものはすべて合理的なものである。

☆**首《くび》振《ぶ》り三年、ころ八年**（二八九）

㊙尺八で一人前になるには八年もかかる、ころというのは、よい音色をいう。

☆【同義】桃栗三年、柿八年、柚は九年の花盛り

㊙果樹も実をつけるには長い年月が必要。人間も同じ。

※**苦《くる》しい時の神頼み**（二九〇）

㊙苦しさを切り抜けるためには自助努力以外に神にお願いする。知人に助けを求める。

※【同義】捨てる神あれば、助ける（拾う）神あり

㊙自分の願いを聞いてくれる良い神もある。心暖まる友。

※**苦《くる》しみを抜け出すための神詣で**（二九一）

㊙苦しい時は神仏にお願いし信心を行う。

※【反対】信心すぎて極楽素通り

㊙信心も狂信にまで走ると邪道となる。

※**クレオパトラの高い鼻《はな》**（二九二）

㊙クレオパトラが美貌でなかったらシーザーなども迷わず、世界の歴史も変わった。

☆【同義】美女は悪女の敵

㊙美女は醜い女にねたまれる。すぐれているものへの嫉み。

群盲、象を撫でる（二九六）

※君子《くんし》危うきに近寄らず（二九三）

(解)君子はあえて冒険を冒さない。

※【反対】虎穴に入らずんば虎児を得ず

(解)虎の子を捕らえようとすれば危険を伴う。

※君子《くんし》の交《まじ》わりは水の如し（二九四）

(解)君子は凡人のようにしつこい交際をしない。

※【反対】長者、富に飽かず

(解)金持はいくらでも富に執着し、ため込む。

※君子《くんし》の過ちは、日月の如し（二九五）

(解)君子は過ちを犯しても人に隠さず、過ちは改めて正しい姿に変える。

※【反対】愚者にも一徳あり

(解)愚者でも時にはよい意見を出す。

※群盲《ぐんもう》、象を撫《な》でる（二九六）

(解)一部をみて全体を推察する場合の誤り。

※【同義】船頭多くして船山へ登る

(解)指図する人が多いと意見が違い結論出ない。

☆経験《けいけん》は知恵の父、記憶の母（二九八）

(解)人間の知識や知恵は、経験とその蓄積された記憶よりなる。

☆【同義】考えと続飯（そっくい）は練るほどよい

(解)続飯は飯を練った接着剤。考えるとは、ものの原因や理由をつきとめること。

☆鶏口《けいこう》となるも牛後となるなかれ（二九九）

(解)社会へ出たら人のしっぽについていくより、小さな集団でもよいからトップになれ。

※【関連】人間到る所青山あり

(解)故郷を離れ社会に出て活躍の場を探すこと。死に場所は故郷だけではない。

七つの蔵より子は宝（三〇四）

☆芸術《げいじゅつ》は長く、人生は短し（三〇〇）

(解)芸術や学問は後世にまで残る。人生は短いから日々努力せよ。

※【同義】虎は死して皮を残し、人は死して名を残す

(解)自分の名誉を傷つけないように心がける。

☆芸《げい》に凝りて家をつぶす（三〇一）

(解)遊びごとに走りすぎて働かず貧乏する。

☆【関連】自慢は芸の行き止まり

(解)自分の芸に己惚れては駄目。

☆芸《げい》は身を助ける（三〇二）

(解)貧乏した時趣味の芸で生活を支える。

☆【反対】多芸は無芸

(解)いろいろと多くの芸を知っている人は、何れも中途半端である。

☆怪《け》我《が》の功名（三〇三）

(解)思いがけない好結果が、偶然に出る。

※【反対】生兵法で大怪我

(解)未熟な技術で仕事をして大怪我をする。

☆下《げ》戸《こ》の建てた蔵はない（三〇四）

(解)禁酒の経済的効果はそれほど大きくない。

※【関連】七つの蔵より子は宝

(解)後継者としての子供は大きな宝である。

※下《げ》衆《す》の一寸、のろまの三寸、馬鹿の開けっぱなし（三〇五）

(解)戸の締め方にも色々ある。馬鹿にも同様。

※【同義】馬鹿ほどこわいものはない

(解)判断力の欠けている馬鹿人間の行動には用心。

外面菩薩
内面夜叉
(三〇九)

蹴る馬も
乗手次第
(三一〇)

※下衆《げす》の勘ぐり (三〇六)

(解)心の卑しい人がいろいろ邪推する。

※【関連】下衆の後知恵

(解)後から思いついた考えは役に立たない。

※けちん坊《ぼう》の柿の種 (三〇七)

(解)柿の実も種も呉れない大けち。

※【反対】身を殺して仁をなす

(解)自分を犠牲にして人のためにつくす。

※下輩《げはい》のものは食を急ぐ (三〇八)

(解)職人や労働者など働く人々が腹をすかすのを、遊び人が冷笑する言葉。

※【反対】武士は食わねど高楊枝

(解)武士は空腹になっても、あまりそれを訴えない。下品な行為はしない。

※外面《げめん》は菩薩に似て、内心は夜叉《やしゃ》の如し (三〇九)

(解)見かけは慈悲をあらわし美しいが、心は悪魔のようにきびしい人。

※【同義】人面獣心

(解)血も涙もないような畜生人間。

※蹴《け》る馬も乗手次第 (三一〇)

(解)癖のある馬も乗り手によって名馬となる。

※【同義】名馬は癖馬

(解)名馬と言われるものには、噛む、蹴るなどの癖が多い。名工などの悪癖をいう。

※毛《け》を吹いて疵《きず》を求む (三一一)

(解)他人の欠点を故意にあばく。

☆【反対】欠点を知って友を愛す

(解)欠点のある友でも友好を結ぶ。

犬猿の仲
（三一二）

仲のよい夫婦の
喧嘩沙汰
（三一八）

☆**犬猿《けんえん》の仲** （三一二）

㊎仲の悪い仲間をいう。野生の場合、縄張り争いをするためであろうか。

※【反対】鴛鴦（おしどり）夫婦

㊎おしどりのように仲の良いこと。

※**喧嘩《けんか》両成敗** （三一三）

㊎双方の言分も聞かず双方に同罪を科す。

※【反対】泥棒にも三分の理あり

㊎泥棒にも言い分があるので聞いてやる。

※**源氏《げんじ》の共食い** （三一四）

㊎同族内で争うこと。例えば頼朝と義経。

※【反対】兄弟争えども外からの侮りを受けず

㊎第三者からの攻撃を受けると、争っている兄弟も仲直りをする。

☆**賢者《けんじゃ》は惑わず、勇者は懼《おそ》れず** （三一五）

㊎賢者は他人の干渉にびくびくしない。勇者は敵をおそれない。

※【関連】他山の石

㊎先輩の言動を参考にして自分を戒める。他山とは自分の玉を磨く他人の石をいう。

※**賢者《けんじゃ》は誤りを正すが、愚者は誤りを直さず** （三一六）

㊎賢者は自分の考えが誤っていると思えば訂正する。愚者は頑固で直さない。

※【関連】大賢は大愚の如し

㊎賢者は知恵をみせびらかしたり、又威張らないため、一見愚者のように見える。

☆**健全《けんぜん》な精神は健全な身体に宿る** （三一七）

㊎精神と身体は不離の関係にある。異常心理も何らかの身体的欠陥からきている。

※【関連】良知良能を信ず

㊎人が生まれながらにして持っている良い心と能力（性善説的立場）。

※倹約《けんやく》とけちとは水仙と葱《ねぎ》（三一八）

㊎水仙と葱は似面非。倹約は美徳であるが、けちは出すものも出さない。

☆【関連】仲のよい夫婦の、喧嘩（けんか）沙汰

㊎仲のよい夫婦でも時には意見がちがい、口論することがある。

☆子《こ》あるも嘆き、子なきも嘆く（三二〇）

㊎子を持った親は子のことで苦労するが、子供のない人も後継者難などで苦労する。

※【関連】子供好きには子供がない

㊎子供好きの人には自分の子供のない人が多い。そのため他人の子を愛するともいう。

※鯉《こい》が躍《おど》れば、泥鰌《どじょう》も躍る（三二一）

㊎劣ったものが、優れたものの真似をする。

※【関連】柳の下に何時も泥鰌はおらぬ

㊎たまたまの幸運は、何時もやってくるとは限らない。再度待つのは愚である。

※恋《こい》に上下の差別なし（三二二）

㊎恋愛は違った階層間でも行われる。

※【同義】天は人の上に人をつくらず、人の下に人をつくらず

㊎人間は本来、平等であって階級的・身分的上下はない。福沢諭吉の言葉。

※恋《こい》の恨《うら》みと食物《くいもの》の恨み（三二三）

㊎失恋と食べ物の恨みは非常にきびしい。

※【反対】恨みに報ゆるに徳をもってす

㊎恨みのある相手に、その仕返しを恨みではなく、道義あるいは慈悲の心で行う。

☆恋《こい》の病に薬なし（三二四）

㊎男女間の恋をとめる妙薬はない。

☆【同義】恋と咳とは隠せない

㊎恋愛の問題はそれとなく人に知れわたる。

攻撃は最大の防御
（三一八）

☆後悔《こうかい》先にたたず（三一五）

解 ミスを犯してから後悔しても遅い。

☆【反対】釣り落とした魚は大きい

解 逃がした魚はくやしく思う。

※剛毅木訥《ごうきぼくとつ》、仁に近し（三一六）

解 喋るのは下手でも、精神のしっかりしている人間は、立派である。

☆【反対】黙っている者に油断するな

解 無口な人間には十分に用心しておくことが必要。

※孝経《こうきょう》で親の頭を打つ（三一七）

解 知識と行動の不一致をいう。孝経は孝という道徳律の根拠を書いた儒書。

※【反対】陽明学は知行合一

解 知識と行動は一致すべきであるという王陽明の思想。

※攻撃《こうげき》は最大の防御（三一八）

解 攻めることが戦勝の最大の方法である。防御では味方の戦意が喪失するため。

※【同義】遠きと交わり近きを攻める

解 近くの敵を攻めるため遠くの敵と一時休戦。

※巧言《こうげん》令色、仁少なし（三一九）

解 人に媚びる者には慈悲や誠の心は乏しい。

※【反対】凡夫の真心

解 一見つまらぬ人間のように見えても、その人の心はきれいである。

☆恒産《こうさん》なければ、恒心なし（三二〇）

解 生活が安定しないと、立派な精神は生まれない。

※【反対】聖人は尺壁（せきへき）を求めず

解 聖人は身分不相応なものを求めない。

弘法も筆の誤り（三三六）

※好事《こうず》魔多し（三三一）

(解)よいことには邪魔物が入りやすい。

※【反対】邪魔にならねば一人前

(解)未熟なものを罵る言葉。

※好事《こうず》門を出でず（三三二）

(解)よいことは、なかなか世間に広がらない。

※【反対】悪事千里を行く

(解)悪い噂などはすぐ世間に広がっていく。

※後生《こうせい》畏《おそ》るべし（三三三）

(解)弟子など後進の者の出世が期待される。

※【反対】弟子七尺下がって師の影を踏まず

(解)弟子は師を畏敬することが必要。

※郷《ごう》に入っては郷に従え（三三四）

(解)土地の風俗に従って生活することが無難。

※【反対】村八分にあう

(解)地域の人々の風習と異なったことをして村人との対立。火事と葬式以外は絶交。

※好物《こうぶつ》に祟《たた》りなし（三三五）

(解)好きな物は食べ過ぎても体をこわさない。

☆【反対】腹八分目に医者いらず

(解)いくら食べたくても八分目に節制することが必要。貪欲を慎むこと。

※弘法《こうぼう》も筆の誤り（三三六）

(解)弘法のような名筆家でも、時にはまちがった字を書く。

※【反対】能書、筆を選ばず

(解)すぐれた書家は、筆のよしあしをいわない。

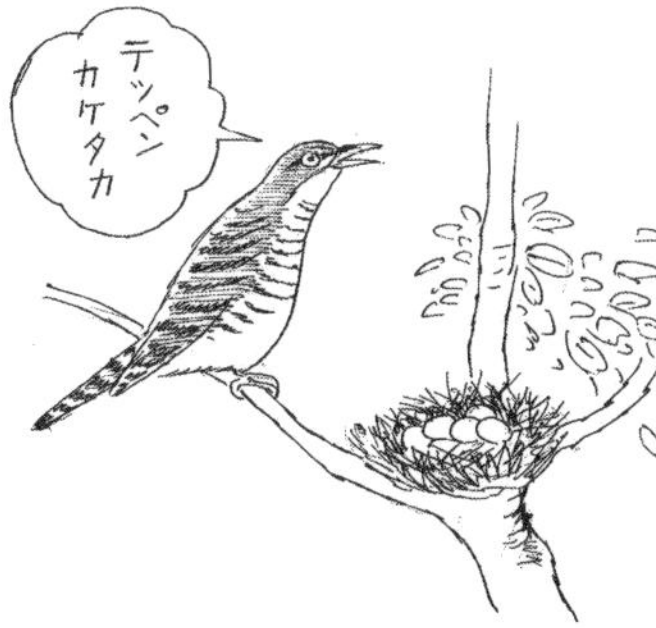

子が子にならぬ時鳥（三四一）

子が思う心にまさる親心（三三九）

☆高慢《こうまん》は出世の行き止り（三三七）

㊡能力以上に尊大ぶる人間は向上しない。

☆**【同義】卑下も自慢のうち**

㊡異常にへりくだる人間も、腹の黒い人間。

※呉越同舟《ごえつどうしゅう》（三三八）

㊡利害関係によって、敵味方が一時休戦し、仲よくする、又協力する。

☆**【同義】長くは切れ、短くは継げ**

㊡相手の要求に従って、こっちは長くもすれば短くもする。

※子《こ》が思う心にまさる親心（三三九）

㊡子が親をしたう心以上に、親は子を愛す。親の慈悲心の深さをいう。

※**【関連】思う念力、岩をも通す**

㊡親が子を愛する場合や一つのことをやろうと決心した場合の力は強い。

☆子《こ》がなくて、泣くは小芋《こいも》掘《ほ》り（三四〇）

㊡芋掘りでは小芋が多く出ることを期待する。親は子供がないと悲しむ。

☆**【反対】子ゆえに親は苦労する**

㊡子供が多いと親はいろいろ苦労する。

☆子《こ》が子にならぬ時鳥《ほととぎす》（三四一）

㊡時鳥は卵を鶯などの巣に生み自分は育てない。従って他の鳥のような親子の愛情は少ない。

☆**【同義】親も親なら、子も子なり**

㊡親も親らしくなく、子も子らしくないこと。また、親も子も非常識、似たもの親子の意。

※故郷《こきょう》に錦を飾る（三四二）

㊡立身出世して、故郷に晴がましく帰る。

※**【同義】故郷、忘れ難し**

㊡故郷の山河や知人への思いが強く、立身出世してはやく故郷へ帰りたい。

龍に蛇足をつける（三四三）

乞食三日すればやめられぬ（三四六）

※**極楽《ごくらく》の入口で念仏を売る**（三四二）

(解)極楽へ行く善人には念仏を教える必要はない。不必要なことを説くたとえ。

※【同義】蛇足をつける。

(解)蛇には足がないのに、足（無駄なもの）をつけ加えることの愚。

※**虎穴《こけつ》に入らずんば虎児を得ず**（三四四）

(解)危険を犯さないと獲物はえられない。

※【反対】棚からぼた餅

(解)努力せずに幸運を期待する。

※**心《こころ》の鬼《おに》が身を責める**（三四五）

(解)良心にとがめられる。

※【反対】心を鬼にする

(解)相手に同情しないで厳しく責める。

※**乞食《こじき》三日すれば、やめられぬ**（三四六）

(解)乞食は労働せずして物を貰い生活する。それに安住すると真面目な仕事を忘れる。

※【関連】乞食にも親分

(解)乞食仲間にもボスがいる。世の中には支配関係が各所に存在する。

※**小姑《こじゅうと》一人は、鬼千匹**（三四七）

(解)嫁の嫁ぎ先に未婚の娘（鬼）がいる。

※【同義】小姑も明日は嫁となる

(解)意地悪の小姑もやがて嫁ぐと婚家の先で同じような嫌な被害をうける。

※**五十歩《ごじゅっぽ》、百歩**（三四八）

(解)両者とも退却したことには変わりはない。大差なし。

※【反対】百尺竿頭に一歩を進む

(解)人より一歩前を歩く。先頭を歩む。

我田引水は個人主義ではなく利己主義である（三五一）

碁にこると親の死にめにあわぬ（三五四）

※後生《ごしょう》大事や金ほしや、死んでも命（金）があるように（三四九）

㊎現世はもちろん来世も金がほしい。又、長生きしたいと欲ばることをいう。

☆【反対】足るを知る

㊎欲望を節制し、ある所で満足する。

※五斗《ごと》給米《べい》に膝《ひざ》を屈せず（三五〇）

㊎五斗米は給米。金のために志をまげない。

※【反対】鏡と操は女の持ちもの

㊎女は純潔であることがのぞましい。

☆個人《こじん》主義に徹する（三五一）

㊎個人の利益を尊重することは、個人のみならず社会全体を利するという考え方（個人の尊厳は教育基本法の理念）。

☆【反対】共同体主義に徹する

㊎個人の自由を押えて、全体主義を主張。

※子供と仏は無欲のもの（三五二）

㊎子供や仏は本来は金銭に対しては無欲である。子は大人と違い無邪気。

☆【反対】大欲は無欲に似たり

㊎大きな欲を抱くものは、小さな欲にとらわれない。

※尽《ことごと》く書《しょ》を信ずれば書なきに等し（三五三）

㊎それぞれの書物に書いていることを無批判的に信じると、どれが正しいか迷う。

※【同義】書物学問一失火、物知り学問一疫病

㊎知識だけの学問は駄目である。書物も火事で焼けると何も残らない。記憶も脳が病気になるとすべてなくなる。

☆碁《ご》にこると親の死にめにあわぬ（三五四）

㊎碁に熱中すると途中でやめられないので、親の死際にもあえない。

☆【関連】孝行したい時には親はいず

㊎子が親に孝行したいと思う年頃になると、親はすでに死んでいる。

子娘と紙袋には油断するな（三五七）

コロンブスの卵（三六一）

※小糠《こぬか》三合あれば養子に行くな（三五五）

㊙少しの資産でもあれば、親や嫁に頭を下げるような養子には行かないように。

※**【反対】婿養子迎えて家栄える**

㊙よく働くよい養子を迎えると、家は繁昌。

※小娘《こむすめ》と紙袋に油断するな（三五七）

㊙小娘と紙袋は傷つきやすいので、ちょっと手を出す時にも十分注意せよ。

※**【同義】ちょっと来いに油断すな**

㊙ちょっと来てと頼まれていくと、大変な仕事をさせられることが多い。

※米喰《こめく》った犬が叩かれず（三五八）

㊙汚職しても大物政治家はうまく逃げる。

※**【同義】糠（ぬか）喰った犬が叩かれる**

㊙下級の者が罪を問われる。

※転《ころ》がる石には苔《こけ》つかず（三五九）

㊙仕事を絶えず変えていると腕も上がらず、出世もできない。

※**【反対】転んでもただでは起きない**

㊙たとい失敗しても、なお少しの儲けでもしようと心掛けること。

☆転《ころ》ばぬ先の杖（三六〇）

㊙予め用心して事故をおこさぬようにする。

☆**【同義】火の用心の心掛け**

㊙火事をおこさぬよう十分に注意する。また、その対策を平素より考える。

※コロンブスの卵《たまご》（三六一）

㊙卵の尻をたたいて平らにして卵を立てたコロンブス。アイディアの発創の偉大さ。

☆**【同義】必要は発明の母**

㊙必要にせまられて新製品の開発がおこる。

怖いもの見たさ（三六一）

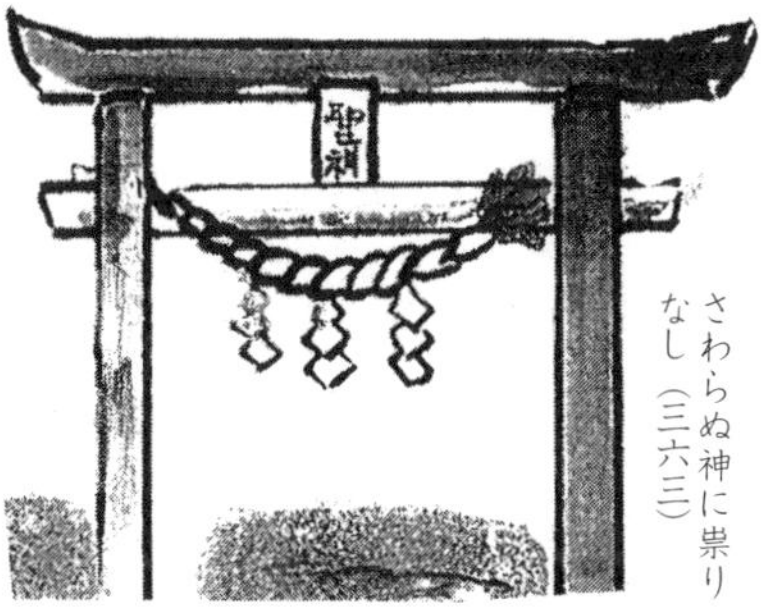
さわらぬ神に祟りなし（三六二）

☆**怖《こわ》い物見たさ**（三六一）

（解）恐ろしいのがわかっているのに見たい。あとで後悔する。

※【反対】さわらぬ神に祟りなし

（解）好奇心があっても、神に頼らず生きる。

☆**子《こ》を見ること親にしかず**（三六三）

（解）子供の長所短所などは親が一番よく知る。

※【反対】親馬鹿ちゃんりん、そば屋の風鈴

（解）親は子供の性格や能力について判断する力が乏しいこと。

※**今度《こんど》と化《ば》け物には会ったことがない**（三六四）

（解）「今度」という挨拶は、あてにならない。

※【反対】君子に二言なし

（解）君子は必ず約束を守る。

※**蒟蒻《こんにゃく》と学者は田舎がよい**（三六五）

（解）学者は都市に出て出世しようとするより、田舎で静かに勉強することがのぞましい。

※【関連】江戸は火事と喧嘩

（解）江戸の町は何かについて、華やかである。

※**塞翁《さいおう》が馬**（三六七）

（解）塞爺の飼っている馬が逃げ名馬をつれて帰ってくる、不幸が幸福にと転化。

※【同義】禍福はあざなえる縄の如し

（解）禍と福は、よりあわせた縄のように交互にやってくる。

☆**災害《さいがい》は忘れた頃にやってくる**（三六八）

（解）災害は忘れやすいが二十年とか五十年毎の確率でやってくる。寺田寅彦の言葉。

☆【反対】備えあれば災いなし

（解）予想される災害に備え、予め準備する。但し戦争の準備はしないほうが良い。

☆才子《さいし》、才に倒れる（三六九）

㊖自分の才能を過信して失敗する。

☆【反対】知恵は小出しにせよ

㊖知恵は知ったかぶりをして一度に出すな。

☆才知《さいち》は宝（三七〇）

㊖才能や知恵は大きな財産である。

☆【反対】才知は身の仇

㊖才知に優れていることで、身を亡ぼす。

※賽《さい》は投げられたり（三七一）

㊖今や実行する時である。シーザーの言葉。

※【関連】実行の一オンスは、理論の一ポンドに値する。

㊖理論より実践を。一ポンドは一六オンス。

☆財布《さいふ》の底と心の底は人に見せるな（三七二）

㊖本心を人に見せてはいけない。

☆【同義】夫に素顔を見せるな

㊖妻は常に身だしなみに心がけよ。夫にでも本心を打ち明けるな。

※財宝《ざいほう》は身の毒（三七三）

㊖財宝によって却って心身が毒される。

※【同義】玉を抱いて罪あり

㊖不相応な宝を持つにより、災いをつくる。

☆財《ざい》を以って交わる者は、財を以って絶ゆ（三七四）

㊖金銭関係での交際はそれがなくなると絶交。

※【反対】君子の交わりは水の如し

㊖君子の交際は、友情以外は極めて淡白である。

酒は百薬の長（三八一）

酒は諸悪の基（三八一）

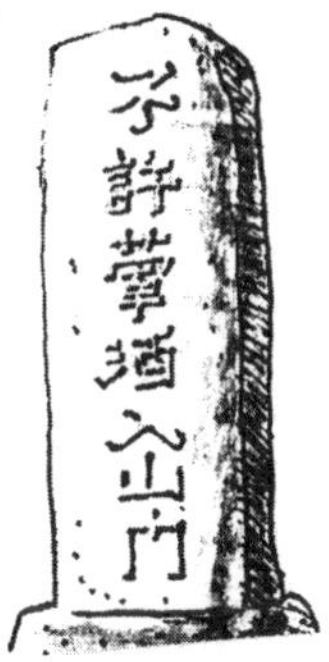

☆**魚《さかな》は魚屋で**（三七五）

(解)物はそれぞれの専門店で買うのがよい。

※【反対】木によって魚を求む

(解)場違いなことを行っても効果が少ない。

☆**先《さき》んずれば人を制す**（三七七）

(解)先手をとれば有利である。

☆【反対】せいては、事を仕損じる

(解)慌てて物事をやっては失敗する。

☆**桜《さくら》切る馬鹿、梅切らぬ馬鹿**（三七八）

(解)桜の枝を切るとそこから腐る。但し梅はそうでない。

※【同義】泣いて馬謖（ばしょく）を切る

(解)可愛がっていた馬謖が命令にそむき戦闘に破れたので、私情を捨てて処罰した。孔明の故事。

☆**酒《さけ》と朝寝は貧乏の近道**（三七九）

(解)酒の飲みすぎや朝寝は貧乏の原因。

※【反対】早寝、早起きは三文の徳

(解)早寝・早起きは健康に良く、財産を増やす。

☆**酒《さけ》の酌《しゃく》は九分がよい**（三八〇）

(解)盃にお酒を注ぐ時一杯ではこぼれるので少ない目がよい。控え目にすること。

☆【同義】過ぎたるは及ばざるが如し

(解)何事も適当がよく、過ぎると却って悪い。

☆**酒《さけ》は諸悪の基《もと》**（三八一）

(解)酒はしばしば犯罪などを起す原因となる。

※【反対】酒は百薬の長

(解)酒は適量に飲むと心身爽快、友をつくる。

日蓮上人

真言亡国、禅天魔、律国賊（三八三）

☆酒《さけ》は先に友となり、後に敵となる（三八二）

㊮酒は友をつくる契機となる。但し、後には敵をもつくる。

☆【反対】昨日の敵は、今日の友

㊮昨日まで敵とみていた人が今日は仲直り。

※座《ざ》禅《ぜん》組むより、肥《こ》やし汲め（三八三）

㊮座禅して宗教にこるより農業に励め。

※【関連】真言亡国、禅天魔、律国賊

㊮鎌倉時代に日蓮が真言や禅宗などの既成宗教を批判した言。

※鯖《さば》の生き腐り（三八四）

㊮青い魚は水分が多く、腐りやすい。

※【反対】腐っても鯛

㊮鯛は水分が少なく、身がしまっている。腐っても価値がある。

☆去《さ》る者は追わず（三八五）

㊮親方や師匠の元を逃げ去る者は引止めない。

☆【同義】止めたい客も帰れば助かる

㊮いつまでも居てほしいと思う客も、帰ってくれるとやれやれである。

※猿《さる》の尻笑い（三八六）

㊮自分の欠点を言わず、人の欠点を笑う。

※【同義】目糞（めくそ）、鼻糞を笑う

㊮目糞とは目やに、鼻くそは鼻汁の塊り。互いに似たものが、相手の非を笑う。

※猿《さる》も木から落ちる（三八七）

㊮油断すると熟練者も失敗する。

※【同義】河童の川流れ

㊮泳ぎに強い河童でも溺れることがある。

さわらぬ神に祟りなし（三八九）

養老の水で親を若返らせる（三九一）

☆猿《さる》の小便、木（気）にかかる（三八八）

㊟猿が木の上から小便をする。自分の大切なものをけがす。

※【関連】猿は山王の神の使い

㊟猿は滋賀県坂本の日吉神社の眷属。

※さわらぬ神《かみ》に祟《たた》りなし（三八九）

㊟物事に関係すると、そば添いをくいトラブルを起こしやすい。

☆【関連】馬には乗ってみよ、人には添うてみよ

㊟よい馬か、よい友かは、外見ではなく、乗ってみることが必要である。

※三顧《さんこ》の礼（三九〇）

㊟劉備が孔明を迎える時の礼儀は非常に手厚い。

☆【反対】礼も過ぎれば無礼となる

㊟虚礼は相手に嫌がられる。

※三歳《さんさい》の翁、百歳の童子《どうじ》（三九一）

㊟百歳になっても、子供のような知恵しか持たない老人がいる。

※【関連】養老の水で親を若返らせる

㊟孝行息子が養老の水（酒）で親を若返す。

※三十六計《さんじゅうろっけい》逃げるに如《し》かず（三九三）

㊟再起のために一時後退をする。

※【関連】泥棒逃げての向う鉢巻

㊟盗人を逃がしてから、向う鉢巻で息巻く。

※三十《さんじゅう》振袖、四十島田（三九四）

㊟振袖や島田は未婚の服装。それを年増が不相応につける。

※【同義】酒は古酒、女は年増

㊟新しい物より、古いものの方が味が深い。

三人旅の一人乞食（四〇〇）

☆山椒《さんしょう》は目の毒、腹薬り（三九六）

(解)山椒の辛みは目を刺激し悪いが、腹には薬。

※【同義】太閤さんは小さくても賢い

(解)体は小さいが、すばしこい人間であった。

※三寸《さんずん》の舌、五尺の身を亡ぼす（三九七）

(解)口を慎まないため自分を台無しにする。

※【反対】君子は口を惜しみ、虎豹は爪を惜しむ

(解)君子は言葉をつつしみ、虎は自分の持っている武器（爪）を慎重に使う。

※三代《さんだい》つづけば末代つづく（三九八）

(解)家業を続けて三代目が大切で（約五十年）、それを乗り越えると、事業は軌道に乗る。

※【反対】学者に二代なく、長者三代続かず

(解)学者の家では子は親ほど立派ではなく、金持の家でも三代目が家をよく潰す。

☆三度《さんど》の飯も強《こわ》し軟《やわ》らかし（三九九）

(解)世の中はなかなか思うようにいかない。

※【反対】思い通りになれば禿に毛が生える

(解)頭の禿はいろいろ手をつくしても毛が生えにくい。やっても無駄な事。

☆三人旅《さんにんたび》の一人乞食（四〇〇）

(解)話し相手は通常二人であるため残りの一人は取り残される。

※【関連】嬲（なぶる）、嫐（うわなり）という三角関係

(解)夫婦以外に第三者が入ると複雑な問題が起こる。

☆死灰《しかい》、復《ま》た燃ゆ（四〇二）

(解)冷たくなった灰が再び燃える。再起する。

☆【関連】火に油を注ぐ

(解)油を入れると火力がますます強くなる。勢いのあるものの力が増大する。

四角な座敷を丸く掃き（四〇三）

※四角《しかく》な座敷《ざしき》を丸く掃《は》く（四〇三）

㊙大雑把に掃除すること。手抜きをする。

※【反対】重箱の隅を楊枝でほじくる

㊙些細なことをほじくり出す。

※自家《じか》薬籠《やくろう》中のもの（四〇四）

㊙自分の考えで思うように処理できる事柄。

※【反対】地震、雷、火事、親父

㊙諦めるより他に処置することのできないもの。世の中のこわいもの。

※鹿《しか》をさして馬と為《な》す（四〇五）

㊙誤りをごり押しすること。馬鹿という語句は馬や鹿と関係なく梵語。

☆【反対】柳は緑に、花は紅

㊙自我を通さず自然の姿そのものを愛でる。

☆鹿《しか》を追う猟師、山を見ず（四〇六）

㊙目先のことのみに心を奪われ、全体を見ない。

※【同義】隴（ろう）を得て、蜀を望む

㊙魏の司馬仲達が隴から、更に蜀を支配しようとしたこと。欲望のエスカレート。

※色即是空《しきそくぜくう》（四〇七）

㊙この世のもの（現象）はすべて実体がなく、仮空的存在である。般若心経の言葉。

※【同義】空即是色

㊙実態のない空しいものとしての世の中。物の本質を空とみるのは反唯物論的な観念論。

※地獄《じごく》、極楽、前世の報い（四〇八）

㊙死後地獄へいくか極楽へいくかはその人の前世の行いによってきまる。因縁論的考え。

※【関連】地獄極楽もこの世にあり

㊙この世にもある地獄や極楽。

色気と金気のない人間はない（四〇九）

地獄で閻魔にあう（四一〇）
地獄の沙汰も金次第

※地獄《じごく》の沙汰《さた》も金次第（四〇九）

(解)世の中は金の力で動く。

☆【関連】色気と金気のない人間はない

(解)すべての人間に色欲と金欲がある。

※地獄《じごく》で閻魔《えんま》にあう（四一〇）

(解)地獄で悪罪をさばく閻魔に更にあう。二重の苦しみをいう。

※【反対】地獄で仏にあう

(解)困っている時に、助けてもらうこと。

☆仕事《しごと》は人のためにする（四一一）

(解)仕事は自分の金儲けのためと共に、人のためにする。

※【反対】情けは人の為ならず

(解)人に同情しておくと、まわりまわって自分のためになる。

※仕事幽霊、飯弁慶、そのくせ夏やせ、寒細り、たまたま肥えれば、はれ病（四一二）

(解)怠け者の欠点を次々とあげている。

※【関連】怠け者が働くと天気が変わる

(解)いつも怠けているものがたまに働くと天気が変わると皮肉った。せずの節句働き。

※死屍《しし》に鞭《むち》打つ（四一三）

(解)死んだ人を非難する。

※【反対】人の邪正は死後に言え

(解)その人の行動を価値判断する場合、死後でするのがよい。生前に論ずるのは早計。

※獅子《しし》の分け前（四一四）

(解)獅子が弱いものを使って得た利益を独占すること（イソップ物語）。

☆【反対】労使協調

(解)資本家（使用者）が労働者に対し賃金以外に利潤の一部分を分配する（ボーナス）。

四十七士の内緒話（四一六）

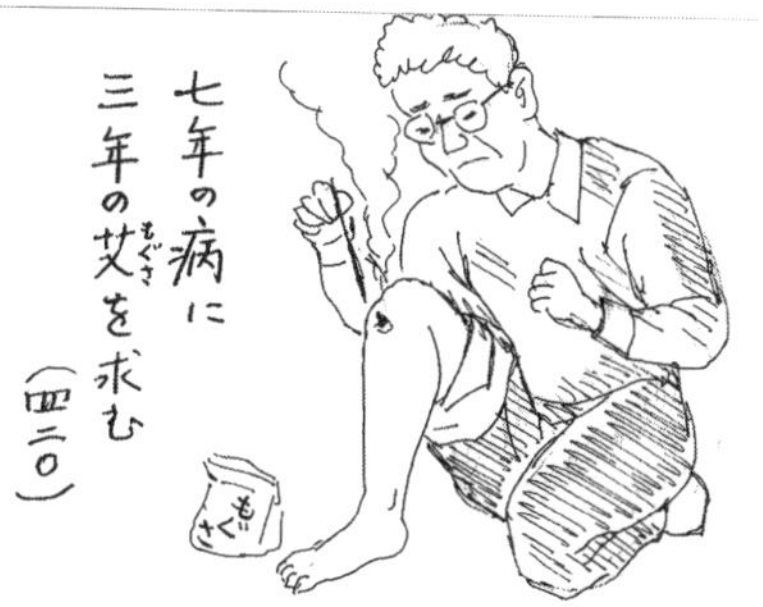

☆**事実《じじつ》は小説より奇なり**（四一五）

㊫現実におこることは作家の頭で作り上げたフィクションより複雑である（バイロン）。

※【同義】真の闇より無闇がこわい

㊫現実社会にいる無茶な人間が一番こわい。

※**四十七士《しじゅうしち》の内緒締《ないしょじめ》**（四一六）

㊫四十七士が隠密行動をするための秘密話。

※【反対】内緒話はすぐに洩れる

㊫二人だけの秘密話であるにもかかわらず第三者に洩れること。

※**死《し》せる孔明、生ける仲達を走らす**（四一七）

㊫孔明死すの報を得て攻め寄せた仲達は、孔明の死後に備えての策にかかって逃走する。

※【反対】敵を知り、己を知りて百戦危うからず

㊫味方と共に敵の戦力を知ることが必要。

☆**親《した》しき隣りは、疎《うと》き兄弟に勝る**（四一八）

㊫隣りの人は他人でもそれと仲良くすると、兄弟や親類以上に親しくなる。助けてくれる。

☆【反対】良い弁護士は悪い隣人である

㊫弁護士は理屈っぽく、付き合いにくい。

☆**親《した》しき仲にも礼儀あり**（四一九）

㊫家庭や友人など親しい者相互でもやはり礼儀が必要である。

☆【反対】礼も過ぎれば無礼となる

㊫馬鹿丁寧な礼儀は、却って相手に失礼となる。

※**七年《しちねん》の病に三年の艾《もぐさ》を求む**（四二〇）

㊫重病人に薬を慌てて探しても駄目。平常より用意する。三年ものの艾は良質。

☆【反対】備えあれば憂いなし

㊫地震などに対し、平常より対策を練る。

☆知《し》ったか振りで見栄をはる（四二一）

㊫本当のことを知らないのに、知っているように相手に法螺を吹く。

☆【関連】知ったか振りで、恥をかく

㊫真実を知らないのに、知ったか振りをして、それがわかり恥をかく。

☆失敗《しっぱい》は成功の基（四二二）

㊫失敗の経験を生かして一層努力する。

☆【関連】功成り、名を遂げて、身を退く

㊫後進に道を譲る。勇退する。

※死《し》なぬ子三人、親孝行（四二三）

㊫生き残った三人の子供が親孝行をする。子供は三人が一番よい。

☆【反対】孝行をしたくないのに親がいる

㊫現代の若者の個人主義的あるいは核家族的な考え方（高田好胤氏の話）。

☆死《し》に別れより生き別れの辛さ（四二四）

㊫人間（夫婦）は死別による悲しさより、生き別れによる悲しさの方が一層大きい。

☆【関連】逃がした魚は大きい

㊫逃がした魚は、残念さが重なって、実際以上に大きく思う。

※死《し》にたい、麦飯くいたいという大嘘（四二五）

㊫自殺したい、粗食したいという放言を笑う。

※【同義】嘘つきは本当のことを言っても信用されない

㊫イソップ物語で狼少年の話。

※死人《しにん》に口なし（四二六）

㊫死人は自分のために証人となってくれない。

※【反対】死人がものを言う

㊫実際にありえない譬え話。

芝居は無学の早学問（四二八）
勧進帳の弁慶

虎は死して
皮を残し、
人は死して
名を残す
（四二七）

☆死《し》ねば死に損（四二七）

(解)死んだらあかん、多少恥ずかしめをうけても、又苦しくとも生きつづけるのがよい。

※【関連】虎は死して皮を残し、人は死して名を残す

(解)犬死ではなく、尊敬される方向で死ぬ。

☆芝居《しばい》は無学の早学問（四二八）

(解)娯楽としての芝居では、歴史物などいろいろのものが出てくるので耳学問が可能。

☆【同義】字引学問、物知り博士

(解)表面的な物知りをいう。現在ではインターネットによる情報知識の収集など。

※死《し》は泰山《たいざん》より重く、鴻毛《こうもう》より軽し（四二九）

(解)死には軽重がある。義のために死なねばならぬ時は、潔く死ぬべきである。

※【反対】死にまさる生辱（いきはずかし）め

(解)生きて恥を晒すことは、死ぬよりつらい。

☆四百《しびゃく》四病より、貧乏の苦しさ（四三〇）

(解)病気も苦しいが貧乏はそれ以上に苦しい。

※【同義】貧乏さびしや形見分け

(解)貧乏のため、死後の形見分けが少ない。

※慈母《じぼ》に敗子あり（四三一）

(解)母親が子を溺愛するため我侭な子ができる。

☆【同義】母も母なら、子も子

(解)母子のどちらもあまり賢くないこと。

☆自慢《じまん》、高慢、馬鹿のうち（四三二）

(解)自慢をやたらと言う学者は、馬鹿である。

☆【同義】無学の高慢は、学者の高慢よりも高慢

(解)学のない人の言う高慢は最低である。

※自慢《じまん》の糞は犬も食わん（四三三）

※【反対】自慢、高慢、衆を圧す

(解)自慢話は聞くものにとって大変嫌だ。自慢話や高慢な態度でみんなを威圧する。

※四面楚歌《しめんそか》（四三四）

※【反対】敵に味方あり

(解)反対する者ばかりに囲まれる。敵の中にも、こちらに賛成してくれる人。

※釈迦《しゃか》に宗旨《しゅうし》なし（四三五）

※【反対】宗旨の争い、釈迦の恥

(解)釈迦がはじめた原始仏教には、中国や日本のような宗派はない。日蓮宗、浄土宗などの各宗派の争いは止めたほうがよい。

※自慢《じまん》の説法《せっぽう》（四三六）

※【同義】河童に水練を教える

(解)わかりきったことや不必要なことを言う。水泳の名人に水泳を教える必要はない。

※自慢《じまん》に提婆《だいば》（四三七）

※【関連】心頭を滅却すれば火もまた涼し

(解)釈迦の悟り（教え）を邪魔する提婆。どのような人にも敵がいる。悟りの境地に徹すれば火あぶりをうけても熱いとは感じない。仕事に熱中するため。

☆弱肉《じゃくにく》強食（四三八）

☆【同義】優勝劣敗

(解)強い者が勝つ。但し、動物の世界で強いライオンだけが生き残るわけではない。競争社会では優者が一時的に勝つ。

義経の鵯越（四三九）

平等を説いた福沢諭吉

平等の願い（四四四）

※借金《しゃっきん》している家の前は素通りできない（四三九）

㊫借金している家の前は心痛な気持ちで通る。

※【反対】義経の鵯越（ひよどりご）え作戦

㊫源義経は一の谷陣地を構えた平家軍を六甲山地の難所を越えて急襲。

※蛇《じゃ》の道は蛇《へび》（四四〇）

㊫各分野の知識はそれぞれの専門家に聞く。

※【反対】孔子も時にあわず

㊫立派な考え方でも時世に合わない。

☆朱《しゅ》に交われば赤くなる（四四一）

㊫悪い環境にいると悪くなる。

※【反対】孟母三遷の教え

㊫孟子の母は子供の教育環境をよくするため、居所を三回も変えた。

☆十人《じゅうにん》十色（四四二）

㊫人によって好みや性格が違う。

※【関連】十の島

㊫十の島を仮名で書くと、「十の　しま」、つまり「あほ」となる。

☆十年一昔《じゅうねんひとむかし》（四四三）

㊫大体十年毎に、世の中のことが変わる。

※【反対】百年、河清をまつ

㊫平永久的に実現の可能性がないこと。

☆自由《じゆう》の追求（四四四）

㊫自由競争によって個人の能力をのばす。

☆【反対】平等の願い

㊫すべての人の間に大きな格差をつけない。社会主義的な考え方。

醜女が美女を逆恨み（四四六）

人、酒を飲み、酒、酒を飲む（四四七）

☆柔《じゅう》よく剛を制す（四四五）

(解)弱々しい者が強いものに勝つ。

※【反対】塗り箸で鰻をはさむ

(解)物事がなかなかうまくいかないこと。

※醜女《しゅうじょ》が美女を逆恨《さかうら》み（四四六）

(解)醜女は自分の醜を顧みず、美人を憎む。

※【反対】醜女は己（おのれ）を顧みる

(解)能力のない人は出しゃばらず謙虚にする。

☆酒宴《しゅえん》は礼に始まり、礼に終る（四四七）

(解)宴会には終始礼儀が必要であり無礼無用。

※【反対】人、酒を飲み、酒、酒を飲む

(解)酔いがまわると次第に判断力を欠く。

※儒者《じゅしゃ》貧乏で医者福徳（四四八）

(解)儒者は貧乏であるが、医者は金持である。

※【関連】兵法家飯が食えず、儒者寒し

(解)兵法家や儒者は、雇ってもらえず貧乏。

※十五六《じゅうごろく》の娘は箸が倒れても笑う（四四九）

(解)多情多感な若い娘は物ごとへの反応が強い。

※【関連】炒り豆と小娘が側にいると手が出る

(解)可愛い娘に対し、男は色気をおこす。

※修身《しゅうしん》、斉家《せんか》、治国、平天下（四五〇）

(解)天下国家を太平にするには、何より家や個人の道徳心の向上が必要である（孟子）。

※【関連】天下、帰を同じうして、途を異にする

(解)世の中の道理はその到達点は同じでも、その方法を異にす。

出家の念仏嫌い（四五二）

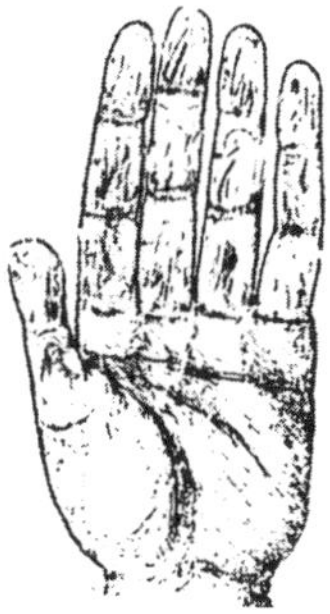
十指に長短あり（四五三）

※出家《しゅっけ》の念仏嫌い（四五二）

㊮出家僧が念仏を嫌う。仕事のためにやむを得ず念仏をとなえていることが多い。

※【反対】念仏信者と藤の花は、下がるほど美事

㊮念仏宗の信者は謙虚であることが望ましい。

☆十指《じゅっし》に長短あり（四五三）

㊮人間の指にも長短があり、機能も異なる。

※【反対】天は人の上に人をつくらず、人の下に人をつくらず

㊮天は人間に対し平等である。身分や階級差別などは本来ない（福沢諭吉の言葉）。

☆春風駘蕩《しゅんぷうたいとう》（四五五）

㊮春風が吹いてのどかである。

☆【反対】月にむら雲、花に嵐

㊮世間には邪魔ものがいる。きびしい情景。

☆春眠《しゅんみん》暁を覚えず（四五六）

㊮春になると夜明けが早くなり、又、気温もよいのでなかなか眼がさめない。

☆【関連】春小雨、夏夕立、秋日照

㊮右のように天候が推移すると、米は豊作。

※駿馬《しゅんめ》、愚者《ぐしゃ》を乗せて走る（四五七）

㊮美人がつまらぬ男と結婚することをいう。

※【関連】賢婦は夫を、とおとからしめる

㊮妻が夫を助けて立派な男にする。

※生姜《しょうが》の皮を取る阿呆（四五八）

㊮生姜の皮は味があるので皮も食べる。

※【反対】大根の皮をとらぬ阿呆

㊮大根の皮は厚いので、むいて食べる。

☆上戸《じょうご》は酒の毒を知らず（四五九）

（解）大酒飲みは酒の毒を知らず飲んでいる。

☆【反対】下戸は酒の薬効を知らず

（解）酒の飲めない人は、酒の薬効を知らない。

※正直《しょうじき》者が馬鹿をみる（四六〇）

（解）阿呆正直者は貧乏をする。

※【反対】正直貧乏、横着栄耀

（解）ずる賢い人間が金儲けをする。

※正直《しょうじき》の頭に神宿る（四六一）

（解）正直者は神の加護がうけられる。

☆【同義】正直は最も秀れた商法

（解）騙し商法をやめ、正直正法に徹す。

☆正直《しょうじき》は一生の宝（四六二）

（解）正直者は自他共に喜ばれる。

※【反対】正直は阿呆の別名

（解）正直と言われる者の中に阿呆正直もいる。

※上州名物、嬶《かかあ》天下に空っ風（四六三）

（解）群馬県では、女は養蚕に忙しく働き、冬は山越えの風が強い。

※【関連】東男（あずまおとこ）に、京女

（解）江戸の男は粋でよく働くのに対し、京の女はやさしい。

※小人《しょうにん》、閑居して不善をなす（四六四）

（解）小人物は、時間をもてあまし悪事をする。

※【反対】聖人は寸暇を惜しむ

（解）聖人は時間を無駄にしない。

商人と衝立はまっすぐにたたぬ（四六七）

西鶴は浪速商人の大儲けをあばく（四六六）

☆冗談《じょうだん》は対話の潤滑剤（四六五）

㊎ユーモアは座興になる。

☆【反対】冗談にも程がある

㊎度のすぎたふざけ話は好ましくない。

☆商人《しょうにん》は元値《もとね》と言って客をつる（四六六）

㊎小人は原価と言いながらマージンをとる。

※【反対】只より高いものはない

㊎無償で進呈と言われても却って高くつく。

☆商人《しょうにん》と衝立《ついたて》、まっすぐにたたぬ（四六七）

㊎商人には掛引きが必要であり、正直一辺倒では経営がなりたたぬ。

☆【関連】商人は損していると言って、蔵を建て

㊎商人は儲かりませんと言いながら、儲ける。

※少年《しょうねん》老い易く、学成り難し（四六八）

㊎若者は時間を無駄に過ごさず、勉強せよ。たちまち老いを迎える。

☆【関連】鉄は熱いうちに打て

㊎鉄は熱している時は軟らかいから鍛えよ。

※小《しょう》の虫を殺して、大の虫を助ける（四六九）

㊎不必要なものを捨て、大事なものを残す。

☆【反対】共存共栄

㊎すべてのものが仲良く繁栄する。

☆小利大損《しょうりおおぞん》（四七〇）

㊎部分的には利益をあげても全体では損。

☆【反対】損して得とれ

㊎少しは損をすることがあっても全体で得。

食指が動く（四七二）
（食後の甘いものが太る原因）

なかなか色即是空にはなれません（四七三）

※将《しょう》を射んとすれば、先ず馬を射よ（四七一）

(解)大将を射落とさんとすれば順序として先ず馬を射殺することが必要。

※【関連】将を畏敬するものは勝ち、敵を恐れるものは敗れる。

(解)部下から畏敬される将軍の軍隊は勝つ。

☆食指《しょくし》が動く（四七二）

(解)欲望が湧きおこる。

※【反対】色即是空

(解)欲望の対象となるもの（現象）は、すべて空でありそれに迷ってはいけない。

※女子《じょし》と小人は養い難し（四七三）

(解)封建道徳では、女と馬鹿者は度し難い。

※【関連】聖人は誉れを求めず

(解)聖人は名誉を求めることにあくせくせず。

※知《し》らぬが仏（四七四）

(解)知ったら腹も立つが知らないから仏のように平静。

☆【反対】知識と知恵の世の中

(解)知識は科学的な物の理、物理、化学、経済学など。知恵は物事の道理、生活の知恵など。

☆白《しろ》を黒と言う（四七五）

(解)人を強引に騙すこと。

☆【反対】黒白（こくびゃく）を明らかにする

(解)正邪を明らかにする。

※人口《じんこう》（ひとのくち）に膾炙《かいしゃ》（四七六）

(解)多くの世間の人から信望される人。膾炙とは、人に好まれるなますとあぶり肉のこと。

☆【反対】孤高の人

(解)俗人とはあまり接触せず、節操の高い人。

死んで花実が咲くものか（四八一）

☆真実《しんじつ》は一つ（四七七）

(解)本当のことはただ一つ（それ以外は嘘。真理の追求は教育基本法の理念）。

☆【反対】逆も又真

(解)逆或いは反対の場合も、時には真実である。

※仁者《じんじゃ》は山を楽しむ（四七八）

(解)徳のある人は静かな自然（山）を楽しむ。

※【関連】知者は水を楽しむ

(解)知者は動いている水を楽しむ。

※人事《じんじ》を尽くして天命を待つ（四七九）

(解)最大限の努力を行い、結果は自然に任す。

※【反対】果報は寝て待つ

(解)何もしないで僥倖を待つ。

※人生《じんせい》意気に感じる（四八〇）

(解)相手の意気に感じて仕事をやる。金儲けのためにやるのではない。

※【反対】欲多ければ身を傷（そこな）い、財多ければ身を煩（わずら）わす

(解)色欲や財欲に走ることは心身にとって害。

※死《し》んで花実が咲くものか（四八一）

(解)死んだら駄目だと生存を激励する。

※【同義】命あっての物種

(解)何事も生きていてこそ成せる。

※水魚《すいぎょ》の交わり（四八三）

(解)水と魚との間のように、両者の親密な関係をいう。労使協調の姿など。

※【反対】犬猿の仲

(解)犬と猿との間のように仲の悪いこと。

◎昔、興行で女相撲がありました

※**好《す》いた水仙、好かれた柳**（四八四）

(解)恋愛している男女の心情と姿。

※【反対】遠くて近きは恋の道、近くて遠きは田舎の道

(解)男女の関係は結ばれ易い。他方、田舎の道はすぐと言われてもなかなか遠い。

※**粋《いき》は悋気《りんき》せぬもの**（四八五）

(解)粋な遊びをしている者はやきもちなどしない。粋は花柳界で遊ぶ人。

※【反対】粋（すい）は身を食う

(解)遊興に走り粋にこると身を亡ぼす。

※**据膳《すえぜん》食わぬは男の恥**（四八六）

(解)女の側からのさそいに答えない無粋な男。

※【関連】女の褌（ふんどし）で、食い込んだ

(解)予算が赤字になる。

※**末《すえ》の露、本《もと》の雫《しずく》**（四八七）

(解)人生は長短あっても死んでいく。露も雫も昼となるとなくなっていく。

※【同義】諸行無常　諸法無我　一切皆空

(解)世の中も人生もはかない。捨て鉢にならず日々を有意義に暮すことが大切。

☆**好《す》きこそ物の上手なれ**（四八八）

(解)好きな事にたずさわれば技量が上達。

☆【反対】下手の横好き

(解)下手なくせに芸事に熱心である。

☆**過《す》ぎたるは及ばざるが如し**（四八九）

(解)過大は過少と同様よくない。中庸がよい。

☆【反対】大は小を兼ねる

(解)大きいのは小の代用になる。例えば衣類。

大は小を兼ねる（四八九）

㊟大きい揺巻などはいろいろ便利に使う

捨てる神あれば助ける神あり（四九四）

※好《す》きで好《す》き連《ず》れ、末は泣き連れ（四九〇）

(解)恋愛の仲で夫婦になったものでも、老後はきびしい生活をする場合がある。

※【反対】夫婦別あり

(解)夫婦の間にも、敬愛の気持ちが必要。

☆好《す》きなことには騙《だま》されやすい（四九一）

(解)物に熱中しすぎると相手に騙されやすい。

※【反対】子は母の醜さを嫌わず

(解)母の愛情に支えられ日々をすごしている幼児は、母の醜さを感じない。

☆すき腹《はら》にまずいものなし（四九二）

(解)運動などで空腹になると、何でもおいしい。

☆【反対】飽食暖衣で、命短し

(解)徒衣徒食していると短命に終る。

※雀《すずめ》の千声（四九三）

(解)雀が騒がしく鳴いても人は気にとめない。

※【反対】鶴の一声

(解)鶴が一声鳴くと他の小鳥が注目する。

※捨《す》てる神あれば、助ける神あり（四九四）

(解)世の中には薄情な人と親切な人がいる。

※【反対】神も仏もない

(解)世の中は慈悲心のない悪人ばかりである。

☆すべての人の友は誰の友《とも》でもない（四九五）

(解)あらゆる人に愛される八方美人的人間は、真の友として信用できない。

☆【反対】丸くとも、一角あれや、人心

(解)円満な人格の人でも、どこか気骨が必要。

墨は餓鬼にすらせ、筆は鬼にとらせ（四九八）

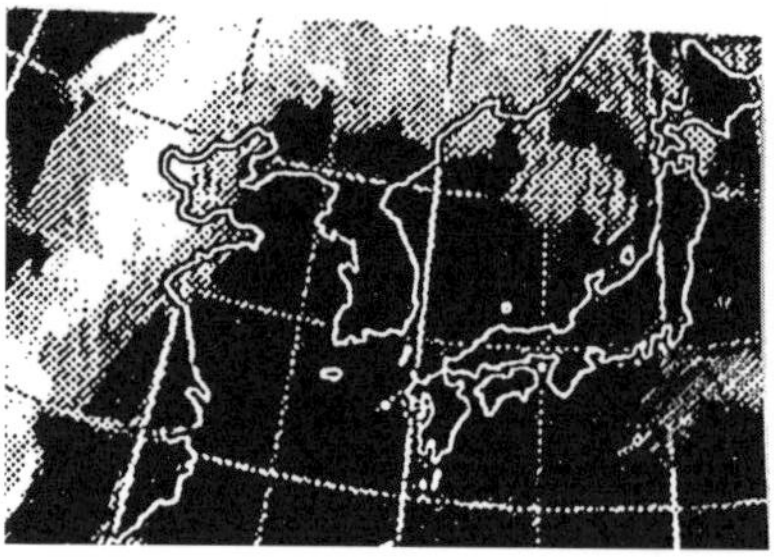

西高東低の気圧配置（五〇一）

※すべての道《みち》はローマへ通じる（四九六）

解 目標はただ一つ。真理は一つ。

※【反対】迷うもの、道を問わず

解 よい知恵を持っている人に意見を聞かないため、ますます迷路に陥る。

※すまじきものは宮仕《みやつか》え（四九七）

解 支配者に頭を下げて使われるのは好まない。

※【反対】乞食にも親方

解 乞食の社会にも人を支配するボスがいる。

※墨《すみ》は餓鬼にすらせ、筆は鬼にとらせ（四九八）

解 墨をする時はゆっくり、筆は力をいれて強く書く。

☆【関連】話半分、腹八分

解 話は半分信じ、食は腹八分でやめるがよい。

☆相撲《すもう》に勝って、勝負に負ける（四九九）

解 技能では上手だが、最後の勝敗では負け。

☆【反対】出たとこ勝負

解 賽子の出た目で勝負をきめる。運に任す。

☆西高東低《せいこうとうてい》（五〇一）

解 冬型の気圧配置として、西に高気圧、東に低気圧があって西風が吹く。

☆【関連】北高南低

解 冬型の気圧配置として、日本海側に高気圧がある。北風が吹き山岳部は雪。

※聖人《せいじん》山中にて閑居（五〇二）

解 聖人は人里はなれた山中で静かに瞑想。

※【反対】小人閑居して不善をなす

解 小人物は時間があるとよいことをしない。

大阪のくいだおれ
（五〇五）
かにすき
てっちり
ふぐなべ

人生七十古来稀なり
（五〇八）

☆**清水《せいすい》に魚すまず**（五〇三）

(解)きれいすぎる水辺には、魚は住まない。潔白すぎると友人もできない。

※【反対】屏風と役人はまっすぐには立たぬ

(解)役人は清廉潔白な生活はできない。

☆**清濁《せいだく》あわせ呑む**（五〇四）

(解)度量の広いこと。応鷹（おおよう）なこと。

☆【反対】清廉潔白

(解)心身共に清く正しく私欲がない。

☆**贅沢《ぜいたく》三昧**（五〇五）

(解)最大限の贅沢をする。浪費する。

※【関連】京の着倒れ、奈良の寝倒れ、大阪の食い倒れ

(解)悪い癖として、京の人は服装にこる、奈良の人は寝具、大阪の人は食物である。

☆**青天《せいてん》の霹靂《へきれき》**（五〇六）

(解)物事や世情が突発急変すること。

☆【反対】真実は永久不変

(解)真実はいつまでも正しい。真実一路。

※**青年《せいねん》老いやすく、学成りがたし**（五〇七）

(解)青年といえども年々、年令を重ねていくが、学問の成果はなかなか出ない。

※【関連】うかうか三十、きょうきょう四十

(解)若いと思っているとすぐ三十歳、四十歳。

※**生《せい》は奇なり、死は帰なり**（五〇八）

(解)人はこの世の中に仮に身を寄せている。死ねば元の自然に帰る。

※【同義】人生七十、古来稀なり

(解)昔は七十歳まで生きる人は稀であった。

※積善《せきぜん》の家に余慶《よけい》あり（五〇九）

解 善行をつんでいる家にはよいことがある。

※【関連】善も一生、悪も一生。

解 善いことをして一生をすごす人。その反対の人。

※世間《せけん》知らずの高枕（五一〇）

解 世の中が変わっていくのにのんびりと暮らす。

※【同義】悪い奴ほどよく眠る

解 悪人は自己の悪を反省もせず安眠。

☆世間《せけん》は広いようで狭い（五一一）

解 思わぬ所で人にあい、隠しておいたことが広まる。

※【同義】天網恢恢、疎にして漏らさず

解 天は疎のようだが、悪を逃がさず罰する。

☆施主《せしゅ》は金持ち、職人は貧乏（五一二）

解 仕事を依頼する施主は金持であるのに、職人は貧乏。

※【同義】大工は貧乏、日雇いは乞食

解 大工の収入は少なく貧乏である、日雇いはそれ以下である。

※「せず」の節句《せっく》働き（五一三）

解 怠け者は平日働かずせっぱつまった休日に働く、休日働くものを非難した言葉。

※【同義】怠け者の大飯食らい

解 怠け者は働きもせず大飯を食らう。

※世帯《せたい》仏法、腹念仏（五一四）

解 仏法や念仏も、家族のため食のために行う。

※【同義】仏法あれば世法あり、煩悩あれば菩提あり

解 仏の教えもあれば、俗世間の教えもある。宗教への庶民の批判。

宗教は民衆の阿片である（五一九）

☆雪月花《せつげつか》は一度に見られない（五一五）

(解)冬は雪、春は桜というように四季それぞれに風物を異にする。

※【反対】盆と正月が一度に来る

(解)盆と正月が一度にきたほど忙しい。

※節季《せっき》女と盆坊主（五一六）

(解)年末には女は掃除でいそがしく働き、盆には坊主は檀家参りでいそがしい。

※【同義】働けば、凍るひまなき水車

(解)水車は昼夜寒暖の別なく、回っているので凍るひまもない。日夜働けば貧乏しないという道徳観。

※殺生《せっしょう》するのは八分の損、見るは十分の損（五一七）

(解)殺生するのはよくない。しかしそれを見ている者はそれ以上に悪。

※【同義】世渡り殺生、釈迦も許す

(解)生活のために動物を殺すことは、殺生を禁じた釈迦も許している。

※銭《ぜに》のある者は鬼をも雇う（五一八）

(解)金の力によってあらゆる人間を支配する。

☆【反対】銭の切れ目が縁の切れ目

(解)金がなくなると親類友人なども疎遠に。

※銭《ぜに》あるものには僧も頭を下げる（五一九）

(解)欲を慎むことを説く僧も、金持には頭を下げて喜捨を求める。

※【反対】宗教は民衆の阿片である

(解)宗教は不平不満をもつ民衆に反抗しないで忍従することを説くので阿片である（マルクス）。

※銭《ぜに》は足《あし》なくとも走る（五二〇）

(解)お金には、足がないのにすぐなくなる。

※【反対】へらぬものなら銭一貫

(解)使っても減らぬものなら所持金一両でよい。

吾唯足知（われただたるをしる）（五二三）

☆**背《せ》に腹は代えられぬ**（五二二）

(解)背と腹とは同じように大切である。一方を守るためには他の犠牲もやむえぬ。

※【同義】銭と命は代えられぬ

(解)お金は大切だが、命はそれ以上に大切。

☆**善悪《ぜんあく》は友による**（五二二）

(解)その人が善人になるか悪人になるかは友（環境）によって影響されることが大きい。

☆【反対】善悪は金による

(解)善人となるか悪人になるかは、金によって動かされることが多い。

※**千石《せんごく》とれば万石を羨《ね》たむ**（五二三）

(解)家老でも千石の禄をもつようになると万石の禄をもつ者をねたむ。

☆【反対】足るを知る

(解)欲望をエスカレートさせないで、ある限度で満足させる。貪欲をいましめる道徳観。

☆**前車《ぜんしゃ》の覆《くつがえ》るは後車の戒め**（五二四）

(解)先の人の失敗を後の人に伝える。

☆【同義】失敗は成功の基

(解)失敗を失敗に終らせずに改善へと努力。

☆**先生《せんせい》と呼ばれるほどの馬鹿でなし**（五二五）

(解)ほんとうに先生らしい師は先生と呼ばれるのを嫌う。

※【関連】先生この字はナニヌネノ、知らなきゃ頭をカキクケコ

(解)この字はなんと読むの、知らなきゃ頭をかきなさい。

※**先《せん》祖《ぞ》討死《うちじに》、子は高枕**（五二六）

(解)先祖の功績によって子孫は安楽に暮らしている。財産に寄生している人間を非難する。

※【反対】親は苦労する、子は楽をする、三代目には乞食する

(解)親は苦労して金をためても三代目には貧乏。

人は堯舜にあらず（五三二）

◎堯と舜は中国古代の伝説の皇帝。

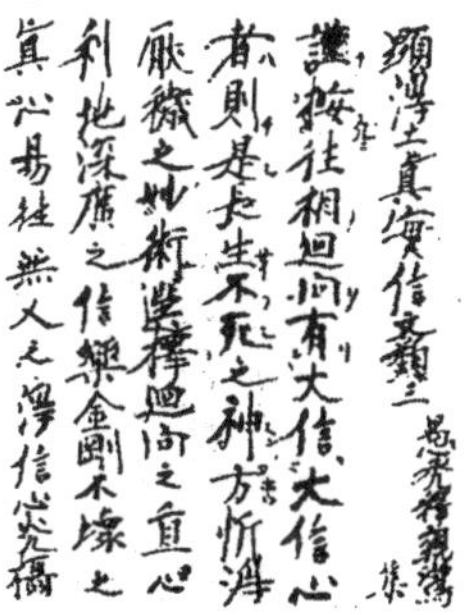

善人も悪人も往生する（親鸞）（五二八）

※船頭《せんどう》多くして船山へ登る（五二七）

㊖まちまちの意見が出てまとまらない。

※【反対】三人よれば文殊の知恵

㊖三人の意見をまとめるとよい結論となる。

※善人《ぜんにん》なおもて往生する、況《いわん》や悪人をや（五二八）

㊖善人が来世において極楽するのは当然であるが、悪人でも、あるいは悪人こそ念仏を唱えると極楽へ往ける。親鸞のこの言葉の解釈については、人によって異なる。

☆【関連】悪人に悪友多し

㊖やくざなど悪人には悪友が多い。

※善人《ぜんにん》の敵となるとも、悪人の友となるな（五二九）

㊖悪人の仲間に入ってはいけない。

※【関連】寺の横に鬼が住む

㊖慈悲深い人の隣りに非情な人（餓鬼）がいる。世の中には善人と悪人とがいる。

☆善《ぜん》は急げ、悪は延べよ（五三一）

㊖よい善はすぐに行い、悪いことは遅らせよ。

※【反対】人は堯舜（ぎょうしゅん）にあらず、何ぞよく善をつくさん

㊖すべての人は古代の理想帝王である堯舜のように善ばかり出来ない。

※前門《ぜんもん》の虎、後門の狼（五三二）

㊖虎と狼にはさまれて身動きできない。

※【反対】万死の中に一生を得

㊖危機存亡の中で生き残る。

☆千慮《せんりょ》の一失（五三四）

㊖賢人でも小さなミスを犯すことがある。

※【反対】愚者も千慮の一得

㊖愚者の考えでも、千に一つぐらいは良い考えを出す。

☆**創業《そうぎょう》より守成の難しさ**（五三七）

㊫事業を継続させる事は非常に難しい。

☆【反対】始めよければ終りよし

㊫最初つまり出発点が大切である。それがよければ最後の到達点も大体うまくいく。

※**糟糠《そうこう》の妻は堂より下ろさず**（五三八）

㊫貧しい時代から苦労をしてきた妻とは、終生共に暮らす。棄ててはいけない。

※【関連】加賀の百両は妾（めかけ）、彦根の千両は棒

㊫加賀の商人は少し金がたまると妾をもつが、彦根の商人は千両もっても行商する。

☆**総領《そうりょう》の甚六《じんろく》**（五三九）

㊫長男は次男と比べおっとりしている。

☆【関連】兄貴は弟より年上である

㊫兄は馬鹿でも、弟より年上。当然のこと。

※**袖《そで》振れあうも他生の縁**（五四〇）

㊫偶然に人とあうのも何かの縁である。他生とは現在と過去をいう。多生に通ず。

☆【同義】愛縁奇縁

㊫愛縁は合縁で、男女友人などの和合をいう。

☆**損《そん》して恥かく**（五四一）

㊫損をしたうえ馬鹿だと言われて恥をかく。

☆【反対】損して得とれ

㊫一見損のように見えて利益をあげる。

☆**大海《たいかい》は塵《ちり》を選ばず**（五四四）

㊫大海は小さなごみも呑む。度量の大きい人。

☆【反対】大海の一滴

㊫大海の中の一粒の滴。きわめて小さいこと。

袖ふりあうも他生の縁（五四〇）

泰山鳴動して鼠一匹（五四八）

※大器《たいき》晩成（五四五）

㊫晩年になって大成すること。

※【反対】栴檀（せんだん）は二葉より芳し

㊫幼児からすぐれた人。

☆太鼓《たいこ》の音《おと》も桴《ばち》の当りよう（五四六）

㊫太鼓の音のよしあしも、桴の当り具合による。こちらのやり方次第。

※【関連】太鼓に桴、三味線に桴（ばち）、男はバッチ

㊫太鼓には桴、三味線には撥、男にはバッチ。

※泰山《たいざん》鳴動して鼠一匹（五四七）

㊫騒ぎは大きくて結果は小さい。

※【関連】泰山北斗（泰斗）

㊫尊敬の対象となる泰山と北斗七星。

※鯛《たい》の尾より鰯《いわし》の頭（五四八）

㊫高価な鯛の尾よりも鰯でも頭になれ。

※【反対】腐っても鯛

㊫鯛は新鮮な場合はもちろん、半腐りでも高価。

☆大《だい》は小を兼《か》ねる（五四九）

㊫大きいものは小さいものの代用品となる。

☆【反対】杓子は耳掻きの代わりをせず

㊫杓子は大きすぎて耳掻きにならない。

☆鯛《たい》も一人では、うまからず（五五〇）

㊫ご馳走でも一人で食べたのでは不味い。

☆【反対】家族そろって三度食う飯

㊫家族がそろって食事をとるのが最高の幸せ。

助ける神あり、仏あり（五五三）

※大欲《たいよく》は無欲に似たり（五五一）

㊟大望を抱くものは小さな欲にとらわれない。無欲に見える。

☆【関連】貪欲（どんよく）は奢侈（しゃし）よりおこり、怒りは高慢よりおこる

㊟欲張りは浪費からおこり、怒りは自分を高ぶることからおこる。

※他山《たざん》の石（五五二）

㊟他人の誤りによって自己を反省する。

☆【同義】切磋琢磨（せっさたくま）

㊟互いに励まし又競いあって向上する。

※助《たす》ける神あり（五五三）

㊟苦しい時に助けてくれる人があらわれる。神は救世主という思想。

※【反対】捨てる神あり

㊟助けてくれる神仏がない。孤立無援。

※多勢《たぜい》に無勢（五五四）

㊟多数の敵に対し少数の味方。

※【反対】寡（か）を以って衆を制す

㊟少数で大敵を制圧する。

※戦《たたか》いは神速《しんそく》を尊ぶ（五五五）

㊟持久戦ではなく速戦即決で勝負を決する旧日本軍の戦法。

※【反対】戦いの最後は持久戦

㊟速戦ではなく持久戦で戦を決す。

※戦《たたか》う雀《すずめ》、人を恐れず（五五六）

㊟相互に激しく戦っている雀は人を恐れず相互に戦うが、人間にやられる。

※【同義】巻貝とやどかりの争い

㊟巻貝とやどかりが夢中に争い、漁師に両方ともとられる。第三者を儲けさす。

立てば芍薬、座れば牡丹（五六一）

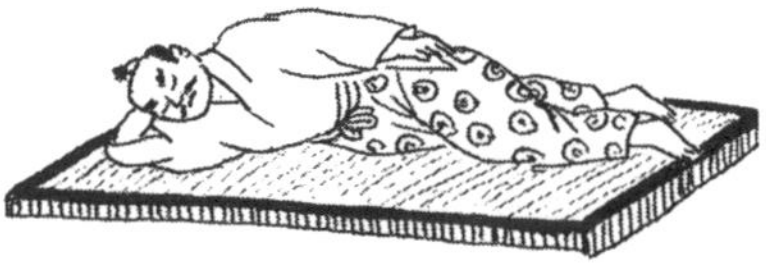

座って半畳
寝て一畳（五六二）

☆只《ただ》より高いものはない（五五七）

㊖あとの返礼のため、かえって高くなる。

☆【同義】買うは貰うに勝る

㊖銭を出して買った方が安あがり。

※立《た》ち寄《よ》らば大樹のもと（五五八）

㊖人に頼る場合は力の大きな人の所へ。

☆【関連】まさかの時の友こそ、真の友

㊖困難な時に助ける友が一番ありがたい。

※立《た》ってる者は親でも使え（五五九）

㊖座っている者が、物がほしい時身上であっても頼むがよい。

※【同義】立仏が居仏を使う

㊖立っている仏は座っている仏にものを頼む。自分でやらずに人に頼む横着者。

※立《た》つ鳥《とり》、後《あと》を濁《にご》さず（五六〇）

㊖立ち去る時はあとをよく片付けて出る。退職の時整理しておくこと。

※【反対】後足で砂をかける

㊖腹を立てて去る。恩になった人を裏切る。

※立《た》てば芍薬《しゃくやく》、座れば牡丹《ぼたん》、歩く姿は百合の花（五六一）

㊖美人の姿態として、芍薬は丈が高く薬草。

※【同義】富士山の見える国に美人なし

㊖これは関西人のうぬぼれで、実際は東北に美人多い。

☆立《た》てば半畳《はんじょう》、寝て一畳（五六二）

㊖金持も貧乏人も大きな違いはない。

☆【同義】金持も貧乏人も苦労多し

㊖貧乏人だけでなく、金持も金のことで苦労する。

旅は憂いもの
（五六七）

旅は道連れ
（五六八）

※譬《たとえ》に嘘《うそ》なし、坊主に毛なし（五六三）

(解)ことわざや譬え話には真実が多い。現在の僧は長髪が多い。

☆【関連】嘘から出た真（まこと）

(解)冗談で言ったことが本当になった。

※他人《たにん》の念仏で極楽へ（五六四）

(解)他人の力を借りて自分の安楽を願う。

※【同義】人のふんどしで相撲とる

(解)他人のものを借りて、うまく利用する。

※頼《たの》んだ経《きょう》が短すぎる（五六五）

(解)お布施を出して頼んだ経があまりにも短い。

※【反対】頼まぬ経が長すぎる

(解)法事などで頼まないのに、訳のわからぬ経を長々と読み、人々を困らせる。

※旅《たび》の恥はかき捨て（五六六）

(解)旅先では恥かしいことも平気でする。

※【反対】飛ぶ鳥、あとをにごさず

(解)鳥はあとをきれいにして飛び立つ。

※旅《たび》は憂《う》いもの、辛《つら》いもの（五六七）

(解)昔の旅は心身共にきびしかった。

※【同義】早寝、早起き、早旅立ち

(解)旅行先では早寝し、朝早く宿を出る。夜遊びをしない。

※旅《たび》は道づれ、世は情け（五六八）

(解)旅に出た時道であった人が親切にしてくれる。助けあって毎日を暮らす。

※【反対】昨日の情けは今日の仇

(解)長い間、情をかけてやった人に裏切られる。

五穀は民の汗（五七〇）

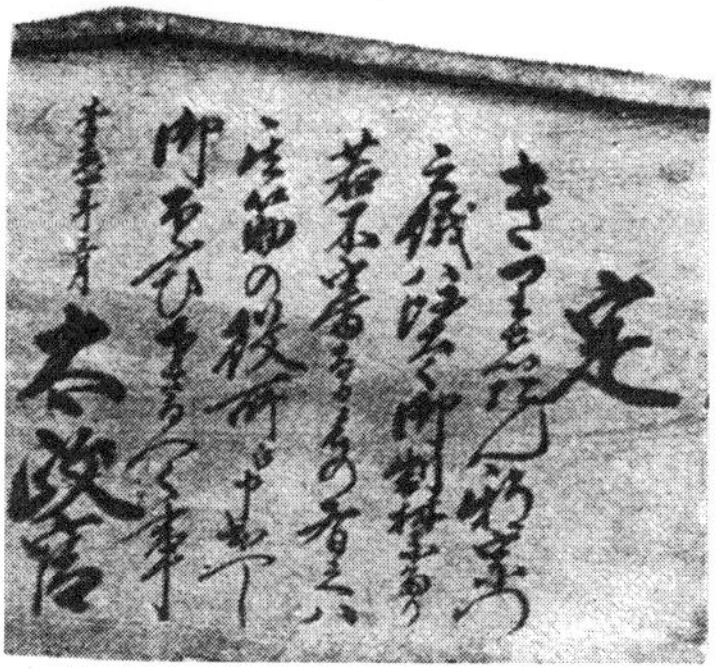

民はよらむべし（キリシタン禁制）（五七一）

☆騙《だま》す騙すで、騙される（五六九）

㊟人を騙そうとすると、逆に自分が騙される。

☆**【反対】教え、教える、教えられる**

㊟人にものを教える中で相手から教えられる。

※民《たみ》の声は天の声（五七〇）

㊟為政者は民衆からの不満の声は、天の声としてよく聞く必要がある。

※**【関連】五穀は民の汗**

㊟五穀が豊かに稔るのは農民が汗と脂を流して努力した結果による。

※民《たみ》はよらしむべし、知らしむべからず（五七一）

㊟人民には、いちいち理由をいう必要はなく、ともかく命令に従わしめる。封建的寺制政治。

☆**【反対】口を防ぐことは水を防ぐより難しい**

㊟民衆の不満を無理に押えても駄目。

☆便《たよ》りのないのは、良い便り（五七二）

㊟子供や友人から手紙や電話などの便りがないのは、達者であるとみてよい。

☆**【同義】無事に便りなし**

㊟元気で働き、忙しいため便りをしない。

☆足《た》らぬ足らぬは、工夫が足らぬ（五七三）

㊟道具や物が足らないと不満をもらすより自分の創意工夫や努力の不足を反省せよ。

☆**【関連】足らぬは余るよりまし**

㊟雨量とか米の収穫量は少し足らぬくらいが良い。過剰は始末に困るから。

※足《た》ることを知れば辱《はずかし》めを受けず（五七四）

㊟何事にも満足感をもつことが必要である。そうすれば恥をかくことも少ない。禁欲的思想。

※**【反対】足るを知らざるものは、富者といえども貧し**

㊟満足ということを知らないものはいくら富んでも貧乏感をもつ憐れな人間。

竹馬の友（五八〇）

幽霊の正体見たり、枯れ尾花（五八一）

☆短気《たんき》は損気（五七五）

(解)気を長くすることが必要。

☆【同義】短気も我（われ）、後悔も我

(解)短気をすればよいことはない。

☆短《たん》を捨て長をとる（五七六）

(解)人の長所を取り上げる。

☆【反対】悪をあばく

(解)人の欠点を誇張する。

☆知恵《ちえ》と力は重荷にならぬ（五七八）

(解)身についた知恵と力は荷物とならない。

☆【同義】病と荷物は軽いほどよい

(解)肩に荷う旅の荷物は軽い方が楽。

※力《ちから》、山を抜き、気は世を蓋《おお》う（五七九）

(解)体力、気力が極めて盛んである。

※【同義】意気天を衝く

(解)意気込みがきわめて高いこと。

※竹馬《ちくば》の友（五八〇）

(解)子供時代の友達（旧友）

☆【反対】賢すぎると友がない

(解)人間的情愛のない人間は嫌われる。

※知者《ちしゃ》は惑わず、勇者は懼《おそ》れず（五八一）

(解)知者は物の理屈を知り惑わない。勇者は敵をよく知り恐れない。

※【関連】幽霊の正体見たり枯れ尾花

(解)幽霊と見たのは、実はすすきの穂。こわいとみるのは見る側の心理的動揺による。

忠言、耳にさからう（五八五）

※治《ち》にいて、乱を忘れず（五八二）

㊖平和の時でも気をゆるめてはいけない。

※【関連】曹操は乱世の英雄

㊖曹操は華北を統一し魏王（武王）となる。

☆血《ち》は水よりも濃い（五八三）

㊖血縁関係は、他人よりも親密性が強い。

☆【反対】兄弟は他人の始まり

㊖兄弟であっても利害関係から他人のような関係になることが多い。

※中原《ちゅうげん》に鹿を追う（五八四）

㊖鹿は帝王の位。政権争いに奔走すること。

※【反対】将を射んとすれば馬を射よ

㊖直接将を攻めず、馬から攻めて行け。

※忠言《ちゅうげん》耳にさからう（五八五）

㊖自分に対する忠告は本人にとって厳しい。

※【反対】忠言、馬耳東風

㊖自分に対する忠告を聞き流す人の愚かさ。

☆仲裁《ちゅうさい》は時の氏神（五八六）

㊖喧嘩している時に仲裁に入ってくれる人は有難い。

※【反対】喧嘩両成敗

㊖喧嘩した双方を処罰する。

※忠《ちゅう》ならんと欲すれば孝ならず（五八七）

㊖平重盛は天皇に対し忠をつくそうとするが、それは父の清盛に対して不孝となる。

※【反対】忠孝両全

㊖忠は忠であると同時に孝。両者の一致すること。

長者の万灯より貧者の一灯（五八八）

搗いた餅より心持ち（五九二）

※長者《ちょうじゃ》の万灯より貧者の一灯（五八八）

(解)貧乏な人が苦しい中から寄進した灯明の方は金持ちのものより心がこもっている。

※【反対】富貴は善をなし易く、貧賤は功なし難し

(解)金持はゆとりがあり善行もしやすい。貧乏人はよいことも思うようにできない。

☆長所《ちょうしょ》も短所（五八九）

(解)長所と思われている点が実は短所である。自分の能力の過信に対する戒め。

☆【反対】長所は身を助ける

(解)生まれつきそなわった長所で生活が豊か。

※頂門《ちょうもん》の一針（五九〇）

(解)急所に針灸をさす。注意する。

※【関連】針小棒大で法螺（ほら）を吹く

(解)小さなことを誇張する。

☆沈黙《ちんもく》は金（五九一）

(解)放言より黙っている方がよい。

☆【反対】雄弁は銀

(解)近年は雄弁は金、沈黙は銀の考え方が強い。

☆搗《つ》いた餅《もち》より心持ち（五九二）

(解)物よりもそれをくれる心に感謝したい。

☆【反対】心なき者には、乞うて食え

(解)「くれてやる」と威張る人間には、下さいと願い出ることも悪くない。

☆月《つき》と鼈《すっぽん》（五九三）

(解)形は似ているが、中味が違う。

※【関連】鼈の地団駄（じだんだ）

(解)いくら地を踏みつけても駄目。

広島爆心地

核作らず持たず（五九八）

月夜に提灯（五九七）

☆月《つき》にむら雲、花に風（五九五）

㊙何事にも邪魔物がつきまとう。

☆【同義】邪魔が入る

㊙世の中は自分の思うようにならない。

☆月満《つきみ》つれば、虧《か》く（五九六）

㊙栄華も頂上をすぎると次第に衰える。

☆【同義】もの盛んなれば、即ち衰う

㊙権力が頂上になると下り坂になる。

※月夜《つきよ》に提灯《ちょうちん》（五九七）

㊙必要性がないこと。

※【同義】月夜の星

㊙目立たない。

☆作《つく》らず、持たず、持ち込ませず（五九八）

㊙広島、長崎の惨禍の体験から、日本政府は現在も非核三原則を堅持。

☆【反対】核保有化の動き

㊙軍事大国化の主張の一環として政府は核保有を要望。

※土一升《つちいっしょう》に金一升（五九九）

㊙都市の地価の高いこと。一坪が数千万円。

☆【関連】地代は毎年、地価はその前払い

㊙地代は年貢と同じく毎年納める土地利用の対価。地価は地代の何年か分の前払い。

☆釣《つ》った魚には、餌はやらぬ（六〇〇）

㊙支配下に入った者には機嫌をとらず。

☆【反対】飴と鞭

㊙恩恵を与えながら支配を強める。

鶴は千年（六〇四）

紋所

罪を憎んで人を憎まず（キリストの愛）（六〇二）

※角《つの》を矯《た》めて牛を殺す（六〇一）

㊖曲った角は直ったが牛自体を殺した。部分を矯正して全体を損う。

☆【関連】親の腐ったのと味噌の腐ったのは矯正しようがない

㊖年上の親に対し子供は意見しても駄目。

※罪《つみ》を憎《にく》んで人を憎まず（六〇二）

㊖罪を犯した行為は憎むが、その人は許す。キリストの精神。

※【同義】泣いて、馬謖（ばしょく）を斬る

㊖可愛い部下も、私情を捨てて軍律違反は断罪。

※詰腹《つめばら》を切らす（六〇三）

㊖無理やりに責任を負わせる。

☆【同義】顔に責任をもつ

㊖自分の地位や年令相当の責任のある言動。

※鶴《つる》は千年、亀は万年（六〇四）

㊖鶴亀は目出度く長寿であるという伝承。

☆【反対】長生きすれば恥多し

㊖人間の場合、長命だと人から非難されることも多い。

※亭主《ていしゅ》関白、鬼大将（六〇六）

㊖男（主人）が家で威張りちらかすこと。

※【反対】女房は山の神、百石の位

㊖妻は家の中で重要な仕事をする。

☆亭主《ていしゅ》三杯、客一杯（六〇七）

㊖客は遠慮して一杯しか飲まないのに主人は三杯も飲む。客をだしにして主人が飲む。

※【関連】知らぬは亭主ばかりなり

㊖女房がよその男と密通しているのを主人は知らない。足もとのことを知らない。

八十の手習い
（六一三）

手ですることを
足でする
（六一四）

※亭主《ていしゅ》の好きな赤烏帽子《えぼし》（六〇八）

㊎主人の我がまま趣味に家族のものは同調する。

☆【同義】亭主、達者で留守がよい

㊎女房にとって亭主は何かとうるさい存在。

※敵《てき》に味方あり（六〇九）

㊎敵の中にもこちらのことを理解してくれる人がいる。

※【同義】味方に敵あり

㊎味方の中にも裏切者が予想される。

※敵《てき》は本能寺《ほんのうじ》にあり（六一〇）

㊎中国の毛利攻めに出陣した光秀は、突如、我が敵は信長なりと本能寺に向う。裏切り、反逆の意。

☆【関連】多勢に無勢

㊎敵の兵は多く、こちらは少数。

☆手品《てじな》するにも種がいる（六一二）

㊎それぞれの材料を備え付ける必要がある。

☆【反対】種も仕掛けもない

㊎何のトリックもないと口上（実際はある）。

※鉄《てつ》は熱いうちに打て（六一三）

㊎若いうちに心身を鍛練しておく事が必要。

☆【反対】八十の手習い

㊎年をとってから芸事を始める。

☆手《て》ですることを足でする（六一四）

㊎手でしなければならないことを横着して足でする。誤った方法を行うこと。

☆【反対】手ですることを足でするな

㊎手でしなければならないことは、足でしない。相手に失礼に当るから。

西国観音札所寺院（六一九）

☆出船《でふね》あれば、入船あり（六一五）

㊖来るものと去るもの、喜ぶ者と悲しむ者。

☆【反対】出船によい風、入船に悪い風

㊖順風と逆風、両立は困難。

☆出物《でもの》腫れもの、所嫌わず（六一六）

㊖放屁した時の言訳として使われる。生理現象であるが悪臭は迷惑。

※【反対】伽羅（きゃら）も焚かず、屁もこかず

㊖平々凡々な生活。

※寺《てら》から里へ（六一七）

㊖里とは檀家。逆の現象をいう。

☆【関連】寺にも葬式

㊖僧が死ぬと、僧も葬式をしてもらう。人の世話になること。

※寺《てら》の門前に鬼が住む（六一八）

㊖善人と悪人とが一緒に住む。

※【関連】鬼が出るか、蛇が出るか

㊖次に何が出てくるかわからない。

※寺《てら》に入っては坊主になれ（六一九）

㊖寺の門をくぐれば坊主らしく振る舞え。

※【反対】坊主の不信心

㊖多くの僧は職業的で、心からの信仰心を欠く。

※天《てん》知る、地知る、我知る、人知る（六二〇）

㊖悪事をした場合、隠そうとしても多くのものがみているので無理である。

☆【反対】知って問うは礼儀なり

㊖知っていても、相手の意見を聞く。

天高く馬肥ゆり（六二二）

芭蕉
天地は万物の逆旅（六二四）

※天《てん》高く馬肥ゆる（六二三）

(解)秋になると空がよくすみ、食欲も進む。

☆【関連】土用半ばにして、秋風が吹く

(解)夏の土用は夏の真っ盛りであるのに季節はずれの秋風が吹く、不作の前兆。

※天地《てんち》は万物の逆旅《げきりょ》（六二四）

(解)天地（地球）は人間を含めてすべてのものが泊まるひと時の宿屋である。

※【関連】月日は百代の過客

(解)月日は永遠につづく旅人。奥の細道の言葉。

※天《てん》の時は地の利にしかず（六二五）

(解)戦争の場合、天の与えてくれた好機でも、地の利の有利性には勝てない。

※【関連】地の利、人の和に如かず

(解)地の利がよくても、それ以上に味方の軍隊の団結力が勝利の鍵を握る。

※天《てん》は二物を与えず（六二七）

(解)天は人間のもつ知力と体力という二つのもの（長所）のうち一つしか与えない。

※【反対】才色兼備

(解)才能と美貌の両方を備えている女の人。

※天網《てんもう》恢恢、疎にして漏らさず（六二八）

(解)天の網は目はあらいが悪人はもらさず捕らえる。天罰は必ず来る。

☆【関連】天に風雨、人に疾病

(解)災難はやってくる。

※天《てん》を仰《あお》いで唾《つば》を吐《は》く（六二九）

(解)唾は我が顔にかかる。人に危害を与えようとして、逆に自分に害がかかる。

※【反対】天は自ら助くるものを助く

(解)天は自助努力するものを助ける。

灯台下暗し（六三三）

同病相憐れむ（六三六）

☆冬至《とうじ》、冬中、冬始め（六三一）

㊫冬至は十二月二十日頃で冬の中頃としているが、寒さはこれからである。

☆【関連】冬至十日たてば阿呆でもわかる

㊫正月頃になると昼が長くなったことがわかる。朝夕約一分づつ、十日で二十分。

☆同床《どうしょう》異夢（六三二）

㊫同じことを行っている人々なのに考えは違う。

☆【関連】目的のために手段を選ばず

㊫金儲けのためには、嘘でもつく。

☆灯台下《とうだいもと》暗し（六三三）

㊫身近なことがわからない。

☆【反対】遠き慮なければ近き憂あり

㊫将来のことをよく考えておかないと、身近な問題の対応にも困る。

☆問《と》うに落ちず、語るに落ちる（六三五）

㊫なにげなく話すうちに秘密を漏らす。

※【反対】拷問（ごうもん）による自白

㊫拷問とは肉体的苦痛を与えて自白させる。

☆同病《どうびょう》相憐れむ（六三六）

㊫病気のある者が互いに同情しあう。

☆【同義】介護老人車いす

㊫人の世話になっている老人が自力ではなく車いすに押されて行く。

※桃李《とうり》もの言わざれど、下自《したおのず》ら道をなす（六三七）

㊫立派な人の所へ門人が自然と集ってくる。

※【同義】門前、市をなす

㊫名声をしたって、弟子が集まってくる。

十で神童、
十五で才子、
二十すぎたら
只の人
（六四一）

遠くて近きは男女の仲（六四〇）

☆遠《とお》きを知り、近きを知らず（六三八）

（解）遠い先のことや他人のことを知っても、身近な自分のことを知らない愚。

☆【反対】自分に一番近いものは自分である

（解）自分のことを一番知っているのは自分自身。

☆遠《とお》きは花の香り（六三九）

（解）遠方の人や物は好ましく見える。

☆【反対】近きは糞の香り

（解）近くの人や物は欠点がよく見える。

☆遠《とお》くて近きは男女の仲（六四〇）

（解）男女の間柄は実は案外近い。

※【反対】男女七歳にして、席を同じくせず

（解）昔は七歳になると男子と女子は学校などにおいても席を離れて座らせた。

※十《とお》で神童、十五で才子、二十すぎたら只の人（六四一）

（解）小さい時は神童と言われるほど賢くても、大人になると平凡な人間になる。

※【同義】六歳の神童、一六歳の才子、二十の凡人

（解）神童を六歳にまで下げている。

※道理《どうり》百遍より、義理一遍（六四二）

（解）理屈ずめより義理人情のほうが人の心を動かす。

☆【反対】世の中に義理ほど辛いものはない

（解）義理立てをすることは大変しんどい。

☆道理《どうり》を破る法（六四三）

（解）社会的な道理を踏みにじる悪法の存在。

☆【反対】平和と戦争放棄をうたう日本国憲法（教育基本法は平和の追求を目指す人間づくり）

（解）日本国憲法は第九条で戦争放棄を宣言する。理想的な憲法と言われる。

礫覚悟で、百姓一揆（六四四）

時は金なり（六四五）

ロンドン議事堂

※時《とき》の代官《だいかん》、日の奉行（六四四）

(解)下級武士は保身のため、ある時は代官にへつらい、ある日は奉行に頭を下げる。

※【反対】礫（はりつけ）覚悟で、百姓一揆

(解)百姓一揆を行うと首謀者は礫にあうことが多いが、犠牲をかえりみず行う。

☆時《とき》は金なり（六四五）

(解)時間を有効に使うことが必要。

☆【同義】時は得がたく、失いやすし

(解)チャンスはなかなかやってこない。

※毒《どく》食わば皿《さら》まで（六四六）

(解)物事を徹底的に行うこと。

☆【反対】嘘の上塗り

(解)上手に嘘を言い、胡魔化す。

※読書《どくしょ》百遍、義自《おの》ずから通ず（六四七）

(解)意味の不明の所は何度も読むと理解できる。

☆【反対】早合点の早忘れ

(解)理解が早いが忘れるのも早い人。

※得《とく》をとるより名をとれ（六四八）

(解)利害に没頭するより、名誉を重んぜよ。

☆【反対】名をとるより得をとれ

(解)名誉よりも利益の追求に走ること。

※毒《どく》をもって毒を制す（六四九）

(解)悪事や悪人を押えるのに悪人を使う。

※【反対】恨みに報いるに徳を以ってす

(解)恨みのある人にも徳をもって返す。

年寄り達者できらわれる（六五〇）

安楽国に往生せん（六五三）

☆年寄達者《としよりたっしゃ》で嫌われる（六五〇）

(解)高齢者が達者であると若者に嫌われる。

☆【反対】達者は富に勝る

(解)健康な体は物質的な富以上に価値がある。

☆年《とし》寄《よ》りの物忘れ、若者の無分別（六五一）

(解)老人になると記憶力が低下する。他方、若者は判断力が乏しい。

☆【反対】年寄りの昔話

(解)年寄は昔のことや愚痴をよく言う。

※塗《と》炭《たん》の苦しみ（六五二）

(解)土と水でねられる泥や、火で焼かれる炭のような非常な苦しみ。

※【反対】安楽国に往生せん

(解)現世苦からの脱出として死後阿弥陀のいる極楽浄土に生れ変わりたい。

※隣《とな》りが蔵をたてるとこちらは腹をたてる（六五三）

(解)相手に対する競争心をあらわす。

☆【反対】腹のたつこと、明日に言え

(解)不満はしばらく考えてから言う。

※怒《ど》髪《はつ》、冠をつく（六五四）

(解)大変な怒りで、髪の毛が冠をもちあげる。

※【反対】平常心、是れ道

(解)心を平静に保つことを心がける。

※鳶《とび》が鷹《たか》を生む（六五五）

(解)平凡な親から立派な子供が生まれる。

☆【反対】蛙の子は蛙

(解)親と子とは似ている。いずれも平凡である。

富の増大と貧困の拡大（六五七）

レーニン

虎は死して皮を残す（六六〇）

☆富《とみ》（資本）の蓄積（六五七）

(解)金持や資本家を中心に経済力が伸びる。資本主義の発展。

☆【反対】貧困の拡大

(解)社会は富み、豊かになったのに、階級分化が進み貧乏人が増える。

※捕《と》らぬ狸《たぬき》の皮算用（六五八）

(解)捕えないうちから捕ったら皮がいくらに売れるなどを考える。不確実なことに期待。

☆【関連】逃がした魚は大きい

(解)魚釣りをした時、逃がした魚は残念に思い大きかったと思う。

※虎《とら》の威《い》をかる狐（六五九）

(解)狐は実力を誇張するため虎の権威を借りる。

※【反対】虎は虎でも、はり子の虎

(解)張子の虎は外見は立派でも、実力がない。

※虎《とら》は死して皮を残し、人は死して名を残す（六六〇）

(解)後世の人から慕われるように生前からの努力が必要。

☆【同義】名を惜しむ

(解)名誉が傷つかないように心がける。

※鳥《とり》なき里の蝙蝠《こうもり》（六六一）

(解)つまらない者が幅をきかす。

※【同義】悪貨が良貨を駆逐する

(解)金の含有量の少ない悪貨が流通する。悪が生残る。

※泥田《どろた》に鶴（六六二）

(解)一面泥田という殺風景な所に鶴が舞おりている。場違いな所に高貴な人がいる。

※【反対】君子、広く人と親しむ

(解)君子は多くの人と誠の心で公平に交わる。

団栗の背くらべ（六六三）

笑ってくらす一生（六六七）

※団栗《どんぐり》の背比《せいくら》べ（六六三）

(解)同じ位の才能の者が互いに競いあう。

※【反対】梅檀（せんだん）は双葉より芳し

(解)秀ぐれた人物は小さい時より秀でている。

☆鈍《どん》すれば貧《ひん》する（六六四）

(解)愚鈍になると、貧乏にもなり、事業も失敗。

☆【同義】貧すれば鈍する

(解)貧乏になると頭が十分に働かない。

☆飛《と》んで火に入る夏の虫（六六五）

(解)凡人は自ら進んで禍の渦中に飛び込む。

※【反対】賢者は酒色に惑わず

(解)賢者は酒や色欲に惑わされない。

☆泣《な》いて暮らすも一生（六六七）

(解)泣く原因はいろいろあるが、ともかく悲観的に一生をすごす人。

☆【反対】笑って暮らすも一生

(解)人生を愉快に暮らす人。楽観的な生き方。

※ないものは化物《ばけもの》と金《かね》（六六八）

(解)世の中にあると言われていても、実際にないのは化物と金。

※【反対】子供あって地獄、なくて極楽

(解)子供はあると苦労が多い。むしろない方が楽であると愚痴を言う。

※長《なが》い浮世に短い命（六六九）

(解)人生は短い。気楽に暮らしたい。

※【同義】浮世は一分五厘

(解)この世は、はかない。一日の賃金は米三升で約一分。食うだけの一生。

流れる水は腐らず（六七四）

泣く子と地頭には勝てぬ（六七五）

※長《なが》いものには巻かれよ（六七〇）

(解)強いものには従うがよい。

※【反対】正義のために戦う

(解)道理をつらぬくため抵抗する。

※長口上《ながこうじょう》で欠伸《あくび》（六七一）

(解)挨拶などで長く喋ると嫌われる。

☆【関連】欠伸をかみ殺す

(解)無理して欠伸を押さえ込む。

※長持《ながもち》、枕にならず（六七三）

(解)大きい物が小さいものの代用にならない。

☆【反対】大は小を兼ねる

(解)大きいものは小さいものの代用となる。

☆流《なが》れる水は腐らず（六七四）

(解)たえず運動しているものは元気。

☆【反対】淀む水は腐る

(解)流れない水には、ＢＯＤ、ＣＯＤなどが増大する（富栄養化現象）。

※泣《な》く子《こ》と地頭《じとう》には勝てぬ（六七五）

(解)年貢取立人の地頭や泣く子の訴えには負けねばならない。

※【関連】恨むが如く、訴えるが如く

(解)その声は人を恨むようであり、又不満をなくしてほしいと願うようである。

☆なくて七癖《ななくせ》、あって四十八癖（六七六）

(解)人には癖が多い。

※【同義】名馬も癖馬

(解)よい馬と言われるものにも噛む、蹴るなどの癖がある。立派な人にも癖。

※泣《な》く泣《な》くも、よい方をとる形見《かたみ》分け（六七七）

(解)人間には欲が一生離れない。

※【関連】恩の主より情の主

(解)義理より人情の方が先にたつ

※鳴《な》くまで待とう時鳥《ほととぎす》（六七八）

(解)家康がよんだとされる句。信長の短気、秀吉の努力、家康の忍耐をあらわす。

※【関連】鳴いて血を吐く時鳥

(解)泣き声が血を吐くように聞こえる。

※仲人《なこうど》は宵《よい》のうち（六七九）

(解)仲人は用がすんだら早く帰るべきである。

☆【関連】仲人が気になる結納金

(解)仲人の謝礼は結納金の一割が慣例。

☆情《なさ》けが仇（六八〇）

(解)相手に対する情けが相手を苦しめる。

☆【反対】情けを掛ける

(解)相手に対するこまやかな愛情。

☆情《なさ》けは人の為ならず（六八一）

(解)情けを施すとその人の為だけではなく、まわりまわって自分に戻る。

※【関連】お情けよりも樽の酒

(解)言葉で同情してくれるより、一杯の酒を恵んでほしい。

※夏《なつ》の丹前《たんぜん》も悪くない（六八二）

(解)暑い夏場に、冬に着る綿入りの着物をあげようといえば喜んで貰う。

※【関連】冬編笠に、夏頭巾

(解)冬場に夏の編笠をかぶり、夏場に冬の頭巾をかぶる。逆なことをすること。

七重の膝を八重に折る（六八二）

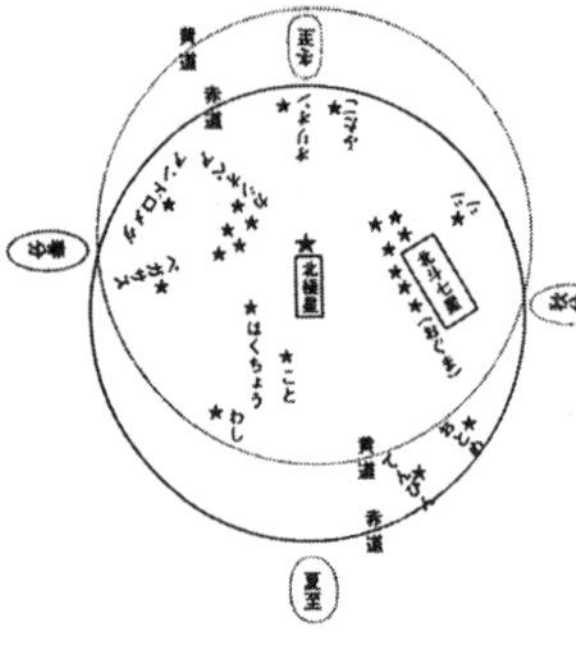

名ある星が夜空を照らす（六八八）

※七重《ななえ》の膝《ひざ》を八重に折る（六八三）

(解)平身低頭する。

☆【反対】頭（ず）が高い

(解)高慢である。

※七歳《ななさい》までは神のうち（六八四）

(解)七歳までの子供は人間として扱われない。昔は乳幼児の死亡大。

※【関連】一つ二つは可愛い盛り、三つ四つは悪戯（いたずら）盛り、七つ八つは憎まれ盛り

(解)子供の生長を表した言葉

☆七度尋《ななたび》ねて人を疑え（六八五）

(解)ものを紛失した時は自分の周りをよく探し、その後に人を疑え。

※【反対】人を見たら泥棒と思え

(解)世の中は物騒であり、用心が大切。

☆七《なな》つ、七里《ななさと》、憎まれ子（六八六）

(解)七つぐらいの子供は、いたずらをして多くの村里から迷惑がられる。

☆【関連】可愛さ余って憎さ百倍

(解)可愛がっていた人を憎くなると、非常に憎くなる。

※名主《なぬし》（庄屋《しょうや》）の三代、草だらけ（六八七）

(解)庄屋の家は長続きせず屋敷は草だらけ。

※【同義】名主の一人息子

(解)甘やかされすぎて世間知らず。

☆名《な》のない星は宵から出る（六八八）

(解)最初に出場するのは初心者（前座）。

☆【反対】真打（しんうち）登場

(解)真打とは寄席で最高の資格をもつ者。

ならぬ堪忍するが堪忍（六九一）

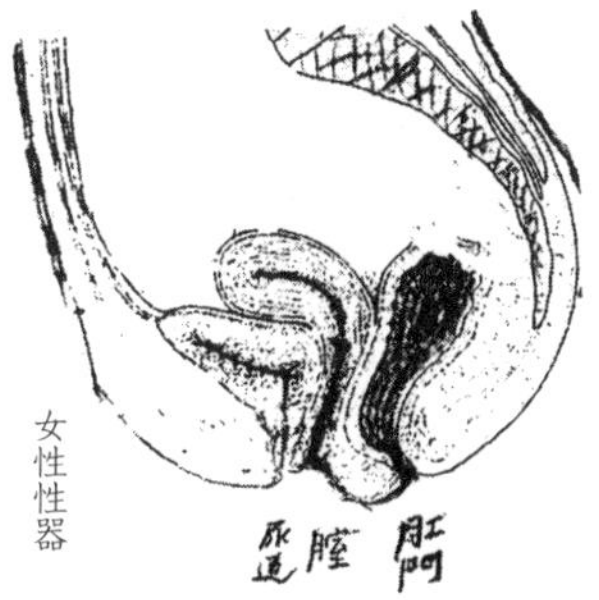

女性性器

難産色にこりず（六九四）

※なまくら刀《かたな》で刃《は》がまがる（六八九）

(解)鍛えの悪い刀は、刃が曲る。

※【反対】正宗で大根を切る

(解)立派な名刀で大根を切る愚かさ。道具の使い方の誤り。

☆習《ならい》、性《さが》となる（六九〇）

(解)毎日の学習が性格をつくる。

☆【関連】習うより慣れよ

(解)いちいち学習して行うのではなく、自然に会得する。繰り返しによる会得。

※ならぬ堪忍《かんにん》、するが堪忍（六九一）

(解)辛抱の上にも辛抱をする。

※【反対】堪忍袋の緒が切れる

(解)辛抱できなくなる。怒りがおこる。

☆成《な》るも成らぬも腕次第（六九二）

(解)事業の成否はその人の経営的手腕。

☆【関連】成るも成らぬも金次第

(解)事業が成功するかしないかも資金力の相違。

※難産《なんざん》、色にこりず（六九四）

(解)苦しみがすぎ去ると、同じことを繰返す。

☆【同義】過ちを改めざる、これを過ちと言う

(解)人間は自分の過ちを直すことが困難。

☆匂《にお》い松茸《まつたけ》、味しめじ（六九七）

(解)香りでは松茸、味ではしめじがよい。

※【関連】山椒、目の毒、腹薬

(解)眼には痛むが、健胃、回虫殺しの妙薬である。

肉を斬らせて骨を残す（七〇〇）

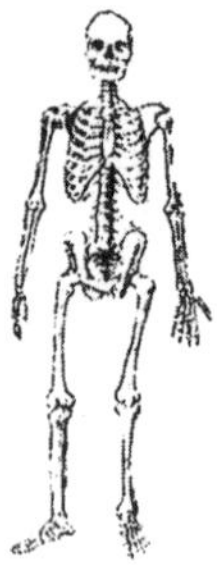

逃げるが勝ち（七〇一）

☆逃《に》がした魚は大きい（六九八）

（解）残念に思い、悔しくなる。

※【反対】逃げた女房には未練はない

（解）あとから追いかけて行かない。

※肉《にく》を斬《き》らせて骨を斬る（七〇〇）

（解）自分の肉を斬らせて、相手の骨を斬る。捨身のやり方。

※【同義】皮を切らせて肉を切れ、肉を切らせて骨を切れ

（解）強敵と戦う時の極意。

※逃《に》げるが勝ち（七〇一）

（解）逃げるのは、再起のため戦力を養うため。

※【反対】逃げるは負け

（解）喧嘩などをした場合、逃げた方が負け。

☆西風《にしかぜ》と夫婦喧嘩は夜収まる（七〇二）

（解）夫婦喧嘩は長続きせず、一夜で止む。

☆【同義】夫婦喧嘩は犬も食わぬ

（解）夫婦喧嘩はあまり心配する必要はない。

※錦《にしき》を着て故郷に帰る（七〇三）

（解）田舎から都に出て成功し、再び故郷に帰り村人から感激される。

※【反対】預言者、郷に入れられず

（解）現状を批判し将来のあるべき方向を示唆した人は危険人物とされ、村に住みにくい。

☆西《にし》と言ったら東を悟れ（七〇四）

（解）正面と同時に反対側のことも考える。

☆【関連】天気は西から変わる

（解）西風により天気（雨雲）が西から東へと移動する。

阿弥陀浄土を願う（七〇五）

親鸞

二兎追うものは一兎をも得ず（七〇九）

※二十五《にじゅうご》菩薩それぞれの役（七〇五）

㊙死者を極楽へ導く仏として、阿弥陀、観音などがある。人間にも人毎に役目が違う。

※【関連】阿弥陀浄土に観音浄土

㊙極楽浄土にも、阿弥陀を主とするものと、観音を主とするものなど様々。

☆似《に》たもの夫婦（七〇六）

㊙性格の似たもの同士が夫婦となる。或いは、夫婦となることにより性格が近付く。

※【反対】鳶（とび）が鷹をうむ

㊙平凡な親（鳶）がすぐれた子（鷹）を産む。

※日光《にっこう》見ずして、結構と言うな（七〇七）

㊙実際に見たことのない者はその美を話す資格はない。

☆【同義】見ると聞くとの大違い

㊙実際と、噂や話とでは大違い。

※二《に》度《ど》あることは三度ある（七〇八）

㊙誤りが二度つづくと三度目も起こり易い。

※【反対】三度目の正直

㊙二度続いて失敗しても三度目は成功する。

☆二《に》兎《と》を追うものは一兎をも得ず（七〇九）

㊙同時に二つの事をすると両方とも失敗。

☆【反対】二股をかける

㊙どちらになっても損にならぬようにする。

☆二《に》の足を踏む（七一〇）

㊙第二歩目を出すことをためらう。思い切って決心しないこと。

※【反対】猪突猛進

㊙勇み足で突進する（無謀な行為）。

姉女房は家の宝（七一六）

二百二十の荒れ仕舞（七一二）

※二《に》の舞《まい》（七一一）

解 前の人と同じ誤りを行う。

☆【同義】二度の勤め

解 もう一度仕事につく（再就職）。

☆二百二十日《にひゃくはつか》の荒れ仕舞（七一二）

解 九月十日頃、台風シーズンは終わる。

☆【関連】二、八月は海荒れる

解 旧暦の二月、八月に季節風や台風が吹く。

※女房《にょうぼう》貸すとも擂《す》り粉木《こぎ》貸すな（七一三）

解 擂りこぎを貸すと先が減るから貸すな。

※【反対】傘と提灯は戻らぬつもりで貸せ

解 傘や提灯は貸すと、返してくれない。

※女房《にょうぼう》、鉄砲、仏法で、世は太平（七一四）

解 家に女房、治安対策に鉄砲、人心教化に仏法が浸透すれば世の中は太平。

※【関連】仏法僧と鳴く梟（ふくろう）

解 ほうほうと鳴くのを仏法僧と聞く。

※女房《にょうぼう》と畳は新しい方がよい（七一五）

解 老妻をもった男は心の中で若い妻を望む。

※【反対】友と葡萄酒は古いほどよい

解 友達は新しい人より古い人がよい。

※女房《にょうぼう》と茄子は若いほどよい（七一六）

解 茄子は収穫が遅くなると皮がかたくなる。女房も若い方がよい。

※【反対】姉女房は家の宝

解 妻の方が年上は一般に嫌われるが、夫によく仕え、やりくりも上手で宝嫁。

菩薩は実れば下を向く（七二〇）

人参飲んで首くくる（七二〇）

※**女房《にょうぼう》は灰小屋からもらえ**（七一七）

㊫女房は立派な家よりも下の階層の家よりもらうと従順に仕える。

※【反対】婿は大名の家からもらえ

㊫婿養子は立派な家からもらうと、家柄がよくなる。

※**人間《にんげん》は実れば上を向く**（七一八）

㊫人間はえらくなるとそり返って歩く。

※【反対】菩薩は実れば下を向く

㊫観音菩薩などは信者に対し下に向かって話しかける。稲穂も実れば下を向く。

※**人間《にんげん》万事、塞翁が馬**（七一九）

㊫人間の一生は幸福と不幸のくりかえしである。不幸の時にも悲観は不必要。

※【関連】老少不定

㊫年寄りが早く死亡、若者が長く生きるとは限らない。年令と死とは無関係。

人参《にんじん》飲んで首くくる（七二〇）

㊫人参は高価なため、それを買うための借金。

※【関連】朝鮮人参は、よく人を活かし、よく人を殺す

㊫人参は強壮剤であるから長命に効果。しかし人参を買うため借金で死ぬ人もいる。

※**糠《ぬか》に釘《くぎ》**（七二二）

㊫注意しても効果がない。

※【同義】暖簾に腕押し

㊫相手は風に吹き流す。

※**抜《ぬ》け駆《が》けの功名**（七二三）

㊫皆の隊列から抜け出し手柄を立てる。

※【反対】抜け駆けの失敗

㊫抜け出して努力したが失敗に終わる。

地主と毛見の衆には油断するな（七二八）

※盗人《ぬすっと》に追い銭（七二四）
(解)盗人に物を盗られ、さらに金を渡して帰ってもらう。二重の損害。
※**【関連】盗人開きなおる**
(解)自己の罪を反省せず逆に文句を言う。

☆盗人《ぬすっと》にも三分の理（七二五）
(解)盗人が泥棒を働くのも生活に困ったため。世の中の事には、すべて原因や理由がある。
☆**【同義】盗人猛々しい**
(解)盗人が開き直って、逆に文句を言う。

☆盗人《ぬすっと》の逆恨み（七二六）
(解)盗人が捕らえられると捕らえた人を恨む。
※**【関連】盗人の昼寝も当てがある**
(解)夜働くために昼寝する。理由がある。

※盗人《ぬすびと》を捕らえてみれば我子なり（七二七）
(解)身近な所に犯人がいる（危険一杯）。
※**【反対】泥棒をみて、縄をなう**
(解)用意が遅く、効果なし。

※盗《ぬす》まれる者には油断があるけれど、盗む者には油断はない（七二八）
(解)盗まれる方には油断がある。盗む方はチャンスを絶えず窺っている。
※**【反対】地主と毛見（検見）の衆には油断するな**
(解)地主や毛見の人が年貢の厳しい取り立てを考えていることに注意せよ。

※濡《ぬ》れ手《て》に粟《あわ》のつかみどり（七二九）
(解)大きな利益が得られる。
※**【反対】大欲は無欲に似たり**
(解)大欲を目ざすものは目先の小欲を無視して無欲に似ている。

猫に小判（七三二）

浮世の馬鹿が起きて働く（七三六）

※**猫《ねこ》に小判**（七三二）

(解)小判は食べられないので猫は魅力を持たない。物の価値を知らない人。

※【反対】猫に鰹節

(解)猫は鰹節が好物である。油断できないこと。

※**猫《ねこ》の手も借りたい**（七三三）

(解)大変忙しい状態をさす。

※【反対】閑古鳥がなく

(解)郭公が鳴く寂しい状態。不振の商店街。

※**根《ね》のない所にも花が咲く**（七三四）

(解)切花は根がなくとも花が咲く。根拠がなくとも噂が広がる。

※【反対】根があって悪が栄える

(解)深い原因で社会悪がおこる。「火のない所に煙は立たぬ」と同じ。

☆**寝《ね》るは極楽、仕事は地獄**（七三六）

(解)寝たら仕事による疲労がなくなる。

※【反対】浮世の馬鹿が起きて働く

(解)朝早くから働く人間に対する嘲笑。

☆**寝《ね》れば子も楽、親も楽**（七三七）

(解)子供がよく寝てくれれば親も子も楽。

※【関連】我が子可愛ければ、子守りを可愛がれ

(解)子守りをかわいがると、子守りは背中の子供を大切にしてくれる。

☆**念《ねん》には念を入れる**（七三八）

(解)十分に注意して行うこと。

※【反対】大事の前の小事

(解)大事をする場合は、小事は犠牲にする。

年々才々花はかわらじ（七三九）

上り一日、下り一時間（七四四）

※年々才々《ねんねんさいさい》、花はかわらじ（七三九）

(解)毎年春には春の花、秋には秋の花が咲く。

※【反対】年々、才々人同じからず

(解)毎年毎年住んでいる人は変わる。世の中の移り変わりがおこる。

※能《のう》ある鷹は爪かくす（七四一）

(解)賢い人はあまりでしゃばらない。

※【反対】能なし犬は昼ほえる

(解)賢くない犬は、必要もないのに吠える。

※残《のこ》りものに福（七四二）

(解)残りものにも良いものがある。十日戎の残り福など。

※【反対】残りものに碌なものなし

(解)売れ残りのものに良いものはない。

※喉元《のどもと》過ぎれば暑さ忘れる（七四三）

(解)苦しい時が過ぎると苦しさを忘れる。

※【関連】喉の下へ入る

(解)上の人にこびる。

※上《のぼ》り一日、下り一時（七四四）

(解)川の流れを遡るのは苦労がいる。物をつくるのは時間がかかるが壊すのは易い。

※【同義】上り坂あれば下り坂あり

(解)人生には浮沈がある。

☆鑿《のみ》といえば槌《つち》（七四五）

(解)相関連している物。気をきかすこと。

☆【反対】気が利いて、間がぬける

(解)下らないことに気が利いて、大事なことを見失う。

大旦那の豪遊（七四六）

這えば立て、立てば歩めお親心（七四九）

※**蚤《のみ》の夫婦**（七四六）

㊎蚤の雌は卵を抱えているので雄より体が大きい。夫より大きい妻と小さな夫。

☆【反対】大旦那に小娘

㊎堂々とした旦那の所に美しい娘が侍る。

※**敗軍《はいぐん》の将、兵を語らず**（七四八）

㊎戦争に負けた方の将は、負けた兵法を話さない。失敗した者は言訳しない。

※【反対】良将は戦わずして勝つ

㊎良将はすぐれた外交や戦略などにより戦わずして相手を制圧。

☆**這《は》えば立て、立てば歩めの親心**（七四九）

㊎親は子供の日々の成長を楽しむ。

※【反対】親わらじ、子は草履（ぞうり）、孫は裸足

㊎貧乏していく家の姿。

※**馬鹿《ばか》と坊主には勝てぬ**（七五〇）

㊎両者には、太刀打ちできぬ。

※【関連】馬鹿があって利巧者が引き立つ

㊎利巧者と言われるのは馬鹿者があるから。世の中には馬鹿もあれば利巧者もいる。

※**馬鹿《ばか》につける薬はない**（七五一）

㊎馬鹿人間はどうにもならない。

※【関連】馬鹿の一つ覚え

㊎同じことをくりかえし話す人。

※**馬鹿《ばか》はどこでも馬鹿**（七五二）

㊎馬鹿と言われる人間は一生直らない。何をするかわからない。

※【反対】金あれば馬鹿も旦那

㊎金あれば頭が悪くとも旦那と言われる。

博愛と汎愛（七五五）

泰山北斗（中国）（七五八）

※馬鹿者《ばかもの》はよけて通れ（七五三）

㊎君子危うきに近寄らずと同じ。

※【関連】馬鹿者の馬鹿ていねい

㊎几帳面にすぎるのも馬鹿である。

※馬脚《ばきゃく》をあらわす（七五四）

㊎隠していた所があらわれる。

☆【同義】隠すことは知れやすい

㊎隠そうとしても次第に知れてくる。

※博愛《はくあい》と汎愛《はんあい》（七五五）

㊎全人類に対する差別なき愛。

※【同義】愛は愛を生む

㊎人を愛すれば、相手からも愛される。愛の波及。偏狭な愛国心は侵略戦争をあおる。

※博打《ばくち》、勝ってもしたいし、負けてもしたい（七五六）

㊎お金を賭けての賭け事はやめられない。

※【反対】負けるが勝ち

㊎部分的に負けても全体として勝利。

※鋏《はさみ》と嫁はこじらぬと切れぬ（七五五）

㊎嫁に対していじわる的に仕事をさせる。

※【関連】綿を切る馬鹿、真綿切らぬ馬鹿

㊎綿は手でちぎる。真綿は鋏で切る。

※箸《はし》にも棒にもかからぬ人物（七五八）

㊎どうにも処置できない困った人間。

※【反対】泰山北斗の如き大人物

㊎多くの人々から尊敬される立派な人。

始めは処女の如く（七六二）

二十後家は立つが三十後家は立たぬ（七六四）

☆**恥《はじ》の上塗《うわぬ》り**（七五九）

㊕恥を隠すため、又恥をかく。

☆【反対】恥を言わねば理が通らぬ

㊕自分の恥を曝すことは辛いが、それを言わぬとこちらの事情は理解して貰えない。

☆**始《はじ》めあるものは必ず終わりあり**（七六〇）

㊕ものには栄枯盛衰がある。

※【同義】諸行無常

㊕世の中のことははかなく浮沈がある。仏教思想。

※**始《はじ》めちょろちょろ、中ぱっぱ、赤子泣くとも蓋とるな**（七六一）

㊕釜飯の炊き方。蓋の圧力を利用するため蓋をとらない、辛抱強く見守る。

※【関連】飯食って、すぐ寝ると牛になる

㊕昔の人の礼儀作法としての諺。

※**始《はじ》めは処女の如く**（七六二）

㊕最初は処女のようにおとなしく。

※【関連】終わりは脱兎の如し

㊕逃げる兎のようにすばやく行動する。

※**恥《はじ》を知る**（七六三）

㊕恥を感じる。羞恥心をもつ。

※【反対】恥と頭は掻き次第

㊕恥をかいて平気でいる。厚顔である。

※**二十後家《はたちごけ》は立つが三十後家は立たぬ**（七六四）

㊕二十代に夫に死別した女は操を立てるが、三十代の後家の多くは再婚する。

※【同義】女やもめに花が咲く

㊕後家がきれいになり、男たちから慕われる。

花は桜木、人は武士（七七〇）

八十の手習い（七六六）

※破竹《はちく》の勢いで進む（七六五）

(解)竹を割る時のように猛進撃を行う。

※【反対】可を見て進み、難を知りて退く

(解)条件がよければ攻撃、悪ければ後退する。臨機応変の対応。

☆八十《はちじゅう》の手習い（七六六）

(解)年とってから勉強や芸を始める。

※【関連】八十の三つ子

(解)老後は再び無邪気になる。

☆花華美《はなかび》なれば、実少なし（七六七）

(解)外見は立派であるが知能や実力が乏しい。

※【反対】貧乏人の子沢山

(解)貧乏人夫婦は子供が多い。産児制限したい。

☆話《はな》し上手《じょうず》、間《ま》が大事《だいじ》（七六八）

(解)聞き手に内容を理解させるには間（ま）が必要。

☆【関連】話し上手の、聞き下手

(解)相手の話を聞き出すのが下手。相手のことを考えない、ひとりよがり。

※花《はな》の下より鼻の下（七六九）

(解)腹がへっているので何より飯。

※【反対】武士は食わねど高楊枝

(解)武士は清貧に甘んじる。

※花《はな》は桜木《さくらぎ》、人は武士（七七〇）

(解)散りぎわのよいものは桜と武士。

※【反対】落武者は薄の穂にもおびえる

(解)敗残軍は枯れ尾花も敵かと思い恐怖。

子より孫を
可愛がり（七七三）

講釈師
見てきたような
嘘をいい
話の名人、
嘘の名人
（七七二）
一龍

※話《はなし》半分、腹八分（七七一）

解 人の話には半分くらい嘘がある。

※【関連】話に花を咲かす

解 次々とお喋りをする。

※話《はなし》の名人、嘘の名人（七七二）

解 話の上手な人には嘘話も多い。

☆【反対】真実真身の真如

解 真如とは物の真実の姿。本当のこと。

☆花《はな》も実もある女性（七七三）

解 外観だけでなく、心身共に能力のある人。

※【反対】女の尻と猫の鼻はいつも冷たい

解 女性の尻は皮下脂肪が多く冷たい。

※歯《は》に衣《きぬ》を着せず（七七五）

解 ずけずけと物を言う。

※【反対】奥歯に物がはさまる

解 相手に対し端的に物を言わない。

※母《はは》の恩は海よりも深し（七七六）

解 母の子供への慈愛は極めて大きい。

※【関連】父の恩は山よりも高し

解 子供を養育してくれた父の恩は大きい。

※婆《ばば》育ち、三文安い（七七七）

解 祖母は孫を溺愛することが多い。三文は現在ので約一五〇円

☆【関連】子より孫の方が、可愛い

解 祖母は自分の子供より、孫を愛す。

早起きは三文の得（七八一）

その疾きこと風の如く（七七九）

武田信玄

☆早《はや》いもの勝ち（七七八）

（解）早いものの方が有利に勝負する。

※【反対】慌てる蟹は穴に入れぬ

（解）慌てると仕事がうまくいかない。

☆早《はや》いものに上手なし（七七九）

（解）早いものに立派なものはない。

※【関連】その疾きこと風の如く、その静かなること林の如し

（解）風林火山は武田信玄の軍旗の文句、孫子の兵法。

※早牛《はやうし》も遅牛も行き先は淀《よど》（七八〇）

（解）行き先は同じ淀である。慌てても同じ。

※【関連】水淀む淀に淀君

（解）秀吉の愛妾淀君は、伏見の淀城にいた。淀の地名は三川が合流し淀むこと。

☆早起《はやおき》三文の徳（七八一）

（解）早寝早起きして、仕事を行い金がたまる。

※【反対】朝風呂、丹前、長火鉢

（解）朝風呂に入り、丹前を着て仕事もせずに暮らしていると貧乏になる。

☆早《はや》合点、早覚《おぼ》え（七八二）

（解）理解力が速く、又記憶力も高い。

☆【反対】早合点、早忘れ

（解）理解が早いが、すぐ忘れる。

☆早《はや》く咲く花、喜ばれ（七八三）

（解）早咲きの花はめずらしく喜ばれる。

☆【反対】早く散る花、惜しまれる

（解）散る花への愛着。早死にする人への同情。

春に三日の天気なし（七八七）

薔薇には棘がある（七八九）

☆早寝《はやね》早起き病《やまい》知らず（七八四）

㊫早起きするためには夜深しせず早寝する。それによって健康を保持。

☆【同義】腹八分に医者いらず

㊫暴飲暴食しないことで健康。

※腹《はら》のたつように蔵たたぬ（七八五）

㊫腹はすぐ立つが蔵はなかなか建たない。

☆【同義】腹をたてるより志をたて

㊫信念を通すために堅く決意する。

※春《はる》おそくまで山に雪が残れば凶作（七八六）

㊫雪解けのおそい年は田植えもおくれ不作。

※【関連】千日の干魃より一日の洪水

㊫日照りがつづくと凶作となる。しかし、一日の洪水の方が悲しい。

☆春《はる》に三日の天気なし（七八七）

㊫春になって暖かくなると雨が多い。

☆【関連】冬至、冬中、冬始め

㊫冬至は冬の真中であるが、寒さはこれからである。

※春《はる》の晩飯《ばんめし》、あと三里（七八八）

㊫春は日暮れが遅いので、夕食を食べてから、あと三里（三時間）歩ける。

※【反対】秋のつるべ落し

㊫秋は夕刻になると急に太陽が沈む。

☆薔薇《ばら》には刺《とげ》がある（七八九）

㊫美しい薔薇は恐ろしい武器を隠し持っている。

☆【反対】色香、共によき花の女王、薔薇

㊫薔薇は、花の中の花として愛される。

犯罪の陰に女あり（七九一）

※春《はる》の日と継母《ままはは》は、くれそうでくれない（七九〇）

(解)継母は先妻の子にいじわるをする。

※【同義】継母、姑の朝笑い

(解)継母や姑が機嫌がよいのは気味が悪い。

☆犯罪《はんざい》の陰に女あり（七九一）

(解)男が犯罪をする場合裏で女が関係することが多い。

※【同義】女に大事はまかされぬ

(解)女は口が軽いので秘密が漏れやすい。

☆屓《ひいき》で抜擢《ばってき》（七九三）

(解)気に入った人物を登用する。

☆【反対】屓の引き倒し

(解)ひいきにされて、かえって迷惑する。

※非学者《ひがくしゃ》、議論に負けず（七九四）

(解)学問のない人間は横車を押し勝つ。

※【反対】馬鹿との喧嘩で負けるが勝ち

(解)負けることが負けではなく勝ち。

☆彼岸《ひがん》すぎての麦の肥（七九五）

(解)不適期な施肥は徒長させ悪い。

☆【反対】遅くとも、来ぬより勝る

(解)いくら遅くなってもやはり来てほしい。時期はずれでもよい。

☆日《ひ》暮《く》れて道なお遠し（七九六）

(解)日が暮れているのに目的地はなお遠い。年をとっても仕事が完成しない。

※【関連】日は夜を知らず、月は日を知らず

(解)日も月もどちらも地球を照らすが、その機能は全く違っている。

美人薄命（七九八）

煙草の良し悪しは煙となって知る（八〇四）

※日暮《ひぐ》れ前に宿に入る（七九七）

㊖昔は夜間の徒歩旅行が危険であったため日没前に宿に入る。

※【反対】日暮れの山行き

㊖遅くて危険。晩婚者をいう。

※美人薄命《びじんはくめい》（七九八）

㊖美人は短命で、不幸な人が多い。

☆【関連】美人というも皮一重

㊖美人とそうでない人とは皮一枚の違いにすぎない。

☆必要《ひつよう》は発明の母（八〇〇）

㊖便利さや合理化を求めて発明がおこる。

☆【関連】必要の前に法律なし

㊖緊急時には法律など守っておられぬ。

※人多《ひとおお》ければ天に勝つ（八〇一）

㊖民衆の力が大きい時は超国家的権力者（天）にも勝つ。

※【反対】天は必ず人に勝つ

㊖天は究極的に人の上にたつ。つまり民衆は天の道に従わねばならない。

※人屑《ひとくず》と綿屑には、使い道がある（八〇二）

㊖人間にはそれぞれ能力や性格が異なるため、それに適した仕事に就かせるのがよい。

☆【同義】分ければ資源、混ぜればごみ

㊖資源は用途によって使い道が異なるから、ごみの分別収集が必要。

☆人《ひと》と煙草《たばこ》の良し悪しは煙となって知る（八〇四）

㊖その人の真の価値は死後にあらわれる。

☆【関連】死の商人、戦争が好き

㊖武器を作り販売するもの。

人と屏風は
まっすぐには立たぬ（八〇五）

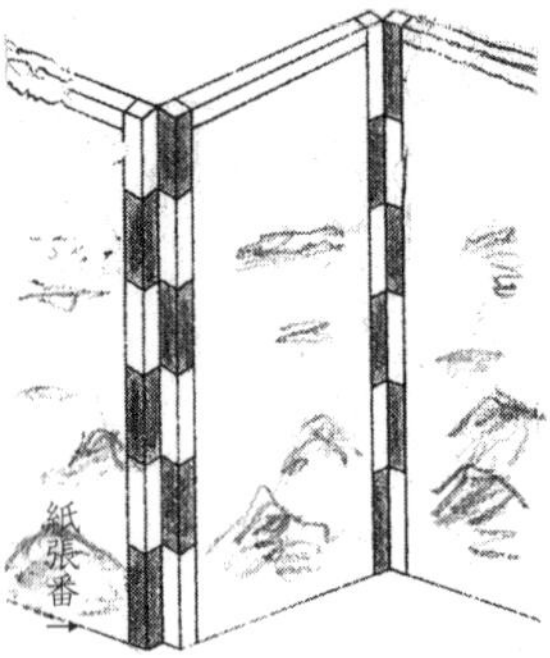

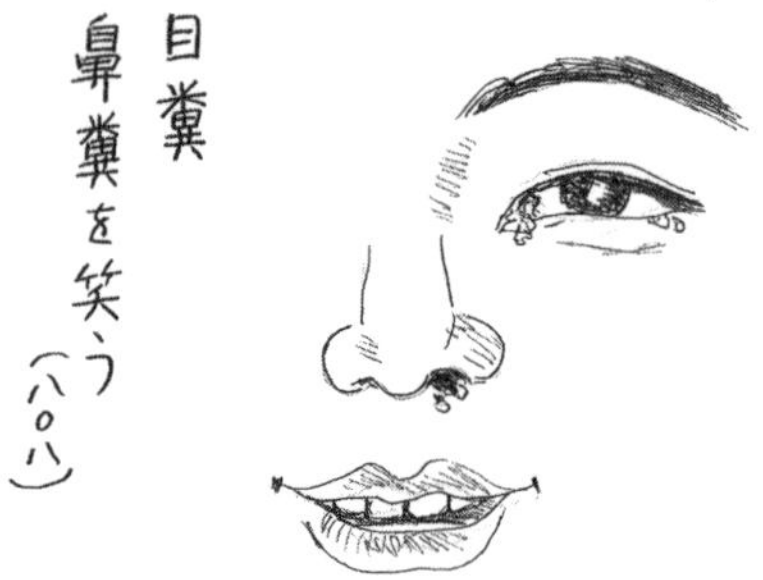

☆**人《ひと》と屏風《びょうぶ》はまっすぐには立たぬ**（八〇五）

㊫世渡りをうまくするにはある程度の妥協が必要。

☆【関連】屏風は逆さまに立てるな

㊫死者の枕もとに限り、屏風は逆さまに立てるが、それ以外は禁物。

☆**人《ひと》に七癖《くせ》**（八〇六）

㊫世の中の人には、いろいろ癖がある。

☆【反対】我が身は八癖

㊫自分には人様以上に悪癖のあることを知れ。

☆**人《ひと》の頭の蝿《はえ》を追うより、我が頭の蝿を追え**（八〇七）

㊫人のことを干渉するより、自分の言動をまず反省せよ。

☆【反対】大きなお世話、止（や）めとくれ

㊫不要な干渉をしないように求める言葉。

※**人《ひと》の一寸《いっすん》、我が一尺**（八〇八）

㊫人の欠点は小さくても眼につくが、自分の欠点は大きくても気がつかない。

※【同義】目糞、鼻糞を笑う

㊫自分の欠点に気づかず他人の欠点を言う。

※**人《ひと》の噂《うわさ》も七十五日**（八〇九）

㊫世の中の噂は長続きしない。

☆【関連】人の口には戸は立てられぬ

㊫民衆の噂をとめることはできない。

※**人《ひと》の噂《うわさ》をするのは鴨の味**（八一〇）

㊫他人の悪口を言うのは楽しい。

☆【反対】人の短を言う勿れ（なかれ）

㊫人の短所を取り上げてはいけない。

人の花は赤い（八一五）

達磨の七転八起（八一七）

※**人**《ひと》**の心**《こころ》**は九分十分**（八一一）

㊩人の情や考え方は大体よく似ている。

※【関連】賢者は中道をとる

㊩賢人は穏健で中道を選ぶ。

※**人**《ひと》**の性**《せい》**は善（性善）なり**（八一二）

㊩人の生まれつきの性質は善である（孟子）。

☆【反対】竹と人の心はまっすぐのようで曲っている。

㊩正真正銘のまっすぐな人間は少ない。

☆**人**《ひと》**の情**《なさ》**けは威勢のよい時**（八一四）

㊩落ちぶれると誰も情をかけてくれない。

☆【反対】人の情けは我が身の害

㊩人から同情されることは自分の自立心を妨げられ害である。

☆**人**《ひと》**の花**《はな》**は赤い**（八一五）

㊩他人のものは自分のものよりよいと妬む。

☆【同義】妬みの残酷なること、墓の如し

㊩妬まれる事は墓に落とされるほど厳しい。

☆**人**《ひと》**の病**《やまい》**を気にしない**（八一六）

㊩他人の病気はあまり気にしない。

☆【反対】人の疝気を頭痛にもつ

㊩人の病気を自分の病気のように気にやむ。

※**人**《ひと》**の世**《よ》**の七転**《ななころ》**び**（八一七）

㊩人の世には有為転変や幸不幸が多い。

※【反対】達磨の七転八起

㊩達磨は転んでも自力で立ち上がる。

百里の道も一歩から（八二九）

人前で装いを凝らす（八二三）

☆人《ひと》の振りみて、我が振り直せ（八一八）

㊫他人の欠点をみて自分もそれ以上の欠点があることを反省せよ。

※【関連】鷹は賢いけれど、烏（からす）に笑われる

㊫賢い人でもその才能が理解されぬ時、愚人にまでも笑われる。

※人《ひと》は石垣、人は城、人は堀（八一九）

㊫人民は城の石垣や堀のように、大切である（武田信玄）。

☆【関連】人は情の下でたつ

㊫人間には義理以上に人情が大切である。

※人《ひと》はパンのみにて生きるにあらず（八二〇）

㊫人には知的、芸術的要求が存在する。

※【関連】衣食足りて礼節を知る

㊫礼儀作法は生活にゆとりができて可能。

☆人《ひと》は木石《ぼくせき》にあらず、情あり（八二一）

㊫人間は木石と違って感情動物である。

※【同義】情を知るは真の武士

㊫武士は力と共に思いやりの心も必要。

☆人《ひと》は悪かれ、我よかれ（八二二）

㊫自分さえよければ、他人はどうでもよい。

※【反対】我が身つねって、人の痛さを知る

㊫自分の痛さから、人の痛さを知る。

☆人前《ひとまえ》で装《よそお》いを凝《こ》らす（八二三）

㊫人によく見てもらおうと思い服装に凝る。

※【反対】人は陽より陰が大切

㊫表面より裏側が大切。

※人将《ひとまさ》に死なんとするや、その罪業に苦しむ（八二四）

(解)生前に罪を犯した人は、死に際に苦しむという宗教観。

※【反対】人将に死なんとするや、その言や善。

(解)死ぬ前の言葉として、よいことを言う。

※一人娘《ひとりむすめ》と春の日は、暮れそうで呉れない（八二五）

(解)一人娘を嫁にもらおうとしても、なかなか呉れない。

※【関連】三人の子持母は、笑うて育てる

(解)三人の子供を持った母親の苦労は、比較的小である。一人っ子は苦労が大。

※人《ひと》を知る者は知《ち》者（八二六）

(解)他人の長所短所を知る人を知者という。

※【関連】己（おのれ）を知るものは明者

(解)自分の長短を知っている者を賢明な人という。

※人《ひと》を呪《のろ》わば穴二つ（八二七）

(解)人を呪い殺したら、自分も呪い殺される。

※【関連】呪うに死なず

(解)強情な人間はなかなか死なない。

☆百害《ひゃくがい》あって一利なし（八二八）

(解)悪いことばかりあって、良いことはない。

☆【関連】賢すぎて身を害す

(解)知識ばかりすぐれた人は欠陥人間。

☆百尺《ひゃくしゃく》竿頭に一歩を進める（八二九）

(解)目標値をさらに一歩高い所におく。

※【関連】百里の道も一歩から

(解)小さな努力の蓄積により大事業を成功さす。

百姓の泣き言（八三〇）

百姓の不作話（八三二）

※百姓《ひゃくしょう》の泣き言（八三〇）

解 農民は収穫が少ないとか、生活が苦しいなど泣き言を自己防衛として言う。

※【反対】その手は桑名の焼き蛤

解 泣き言などその手には乗らない。

※百姓《ひゃくしょう》と油は絞《しぼ》れば絞るほど出る（八三一）

解 百姓から年貢を取り立てる時の封建領主の厳しさ。

※【反対】百姓は生かさず殺さず

解 百姓から年貢を取り立てる時、残り分で最低生活ができるように配慮する。

※百姓《ひゃくしょう》の不作話《ふさくばなし》（八三二）

解 農民は収量が多いと年貢分が多くなるので、平年作でも不作と言いふらす。

※【反対】百姓は百層倍の儲け

解 米は種籾一粒から百粒の米が収穫される。稲作生産力の高さ。

※百丈《ひゃくじょう》の木に登っても落ちず（八三三）

解 緊張していると高所でも落ちない。

※【反対】一丈の木に登って落ちる

解 油断すると低い所でも落ちる。

※百年《ひゃくねん》河清を待つ（八三四）

解 黄河の水はいつも濁っている。問題の根本的解決はむずかしい。

※【反対】かせぐに追いつく貧乏なし

解 働けば貧乏にならない。

☆百聞《ひゃくぶん》は一見に如かず（八三五）

解 人から聞いたことより、自分で実際に見たことの方が確実。

☆【関連】風の便りに花の香や

解 風に乗って花の香がやってくる。確実な期待。

拾う神あり、捨てる神あり（八四一）

百鬼夜行（八三七）

※百里《ひゃくり》来た道は、帰るのに百里（八三六）

(解)自分のおかした罪はそれと同じだけ償わなければならない。

※【関連】百里行く者は九十九里を以って半ばとす

(解)九十九％の仕事ができても、最後まで油断してはいけない。

※百鬼夜行《ひゃっきやこう》（八三七）

(解)化物が歩き回る。人間が徒党を組んで怪しげな行動をする。

※【同義】鬼が出るか蛇が出るか

(解)恐ろしいものの出現。予想のつかぬもの。

※日雇《ひやとい》人夫と北風は、その日限り（八三八）

(解)日雇人夫は一日限りの仕事が多く不安定。

☆【反対】使う者は使われる

(解)人を使う雇用主（経営者）は労働者にいろいろ指図しなければならず忙しい。

※瓢箪《ひょうたん》から駒《こま》が出る（八三九）

(解)予想外のことが現実におこる。

☆【反対】嘘から出た真（まこと）

(解)嘘のつもりで言ったことが現実化する。本当の事として受け止められる。

☆表裏《ひょうり》一体（八四〇）

(解)表にあらわれた現象と背後の本質との間には極めて密接な関係がある。

☆【反対】表裏者

(解)外にあらわれる態度や言動と、内心とが違っている人。人面獣心の人など。

※拾《ひろ》う神あり、捨てる神あり（八四一）

(解)世の中には助けてくれる人と同情心のない人とがいる。善人と共に悪人もいる。

※【関連】神にかまうな、仏ほっとけ

(解)神仏に頼りすぎると、後になっていろいろと因縁がつけられる。

貧乏ほど辛い病なし（八四九）

※**昼《ひる》は東家に食し、夜は西家に眠らん**（八四二）

㊮昼は金持の家で食事し、夜は美人の家で泊る。節操がなく利害に走る人。

※【反対】清貧に甘んじ、志を高める

㊮金銭に惑わされず自分の信念を貫く人。

※**火《ひ》を見たら火事と思え**（八四三）

㊮警戒心をもってよく監視する。

※【同義】人を見たら泥棒と思え

㊮泥棒ではないかと一応疑ってみる。

※**貧者《ひんじゃ》の一灯**（八四五）

㊮貧乏な娘は一灯しか灯明をあげることができないが、仏は貧者の真心を良く知る。それに期待する。

※【反対】長者の万灯

㊮金持は金の力で寺に多くの灯明を奉納し権力を誇示する。

※**貧《ひん》と難儀《なんぎ》は身から出た錆《さび》**（八四六）

㊮貧苦の原因は自助努力の不足による。

※【反対】貧と難儀は時のめぐり合わせ

㊮貧や苦しみは自分の責任ではなく、世の中の状況からおこった。

※**貧乏人《びんぼうじん》、遊ぶひまなし**（八四七）

㊮貧乏人は仕事に忙しく遊ぶ時間も金もない。

※【反対】金持遊びつかれる

㊮金持は酒色の遊びごとに疲れる。

※**貧乏《びんぼう》ほど辛《つら》い病なし**（八四九）

㊮貧乏は病気の中で最もきびしい病気。

※【反対】貧乏ほど楽なものなし

㊮貧乏人は金持のような苦労はなくのんびり。

☆富貴には他人集まり、貧賤には親戚集まる（八五〇）

㊫家が貧乏になった時親類の者が集まって面倒を見る。

☆【反対】貧賤になると親類も離れる

㊫貧乏になってくると今までつきあっていた親類さえも離れていく。

※富者三代《ふうしゃさんだい》なし（八五一）

㊫資産家の多くは孫の代には貧乏。

☆【同義】月満つればかく

㊫満月の後だんだんと月が欠けていく。栄枯盛衰をいう。

※富者《ふうしゃ》は貧者から怨《うら》まれる（八五二）

㊫貧乏人は自分の貧乏の原因を深く考えず、金持をうらむ。支配者的考え。

※【関連】富者は来年を思い貧者は眼前を思う

㊫富者は先々のことを考え、貧乏人は今日明日の生活のことを考える。

☆夫婦喧嘩《ふうふげんか》もないからおこる（八五五）

㊫夫婦喧嘩の原因として貧乏や生活苦。

☆【反対】夫婦喧嘩もあるからおこる

㊫資産があると、その利用方法や所得の使い方について利害と意見が分かれる。

※夫婦《ふうふ》は合わせもの（八五六）

㊫もともと他人であった者が縁があって結びついたものである。

※【反対】夫婦は離れもの

㊫夫婦間で意見が別れると離婚。

※夫婦《ふうふ》は二世（八五七）

㊫夫婦の間柄は現世と来世にまでつづく。来世でも一緒にそいたい封建的思想。

※【関連】親子は一世

㊫親子の間柄は現世だけである。

武士にも妻子あり（八六三）

※風流《ふうりゅう》はおぼろ月夜に秋の月（八五八）

㊮ぼんやりとした春の月と、さえわたった秋の月が共に美しい。

※【関連】楽しみは家内揃って三度食う飯

㊮底辺層の人にとって家族揃って食事を共にすることは、昔は盆正月しかなかった。

☆吹《ふ》く風、音をたてず（八五九）

㊮世の中が穏やかである。吹く風は静か。

☆【反対】台風一過、秋の空

㊮台風の翌日は晴天。騒ぎの後の静けさ。

※河豚《ふぐ》、食うも無分別（八六〇）

㊮危険を伴う河豚食う人間は思慮不足。

※【反対】河豚、食わぬも無分別

㊮味の良い河豚を食わない人間も頭がおかしい。

※ふぐは食《く》いたし、命は惜しい（八六一）

㊮味の良い河豚を食べたいが中毒死が怖い。現在はその心配が少ない。

※【関連】命取りは美女と悪女

㊮男の人生を駄目にするのは美女と悪女。

※覆水《ふくすい》、盆に返らず（八六二）

㊮一度失敗すると回復不可能。用心が必要。

☆【反対】失敗は成功のもと

㊮失敗を失敗に終わらせず、その教訓によって成功へと導く。

※武士《ぶし》にも妻子《さいし》あり（八六三）

㊮武士といえども家族の生活のことを考えねばならない。

※【反対】武士は食わねど高楊枝

㊮武士は高潔であるべきだ。

武士は名を重んじる（八六三）

仏法あれば世法あり（八六九）

※武士《ぶし》は名を重んじる（八六四）

(解)武士は節?・と名誉を大切にする。

※【反対】名を捨て実をとる

(解)実質的な利益に従い行動する。

※夫主婦従《ふしゅう》で家栄える（八六五）

(解)夫が主導性をとり、妻の協力をえた家庭は平和で栄える。

※【反対】雌鶏（めんどり）うたえば家亡ぶ

(解)女性が夫を尻に敷くようになると（婦主夫従）、家庭は崩壊する。

※布施《ふせ》のない時、袈裟つけない（八六六）

(解)報酬の少ない時はずさんな仕事。

※【関連】経を読まずに布施をとる

(解)仕事もしないで報酬をとる。

※不足《ふそく》不満の奉公は両損（八六七）

(解)親方と雇人の双方が不満を言っていると労使共に損。

☆【反対】飴と鞭とで働かす

(解)親方は雇人に対し、仕事はきびしく言うが待遇をよくするので、雇人もよく働くこと。労働協調対策。

※二股膏薬《ふたまたこうやく》（八六八）

(解)右へ左へと思想や行動の変わる人。

☆【同義】日和見主義

(解)利権のある方へ無節操に結びつく。

※仏法《ぶっぽう》あれば世法あり（八六九）

(解)出家者にはそのしきたりがあり、俗世間には異なった慣習がある。

※【反対】仏、法、僧の三宝

(解)仏（釈迦）、仏法の教え、その教えを民衆に広める僧を三宝とした。

船形三里、帆形七里（八七〇）

船に乗れば船頭に身を任す（八七一）

※船形《ふながた》三里、帆形七里（八七〇）

(解)沖へ出た船の船体は三里先まで、帆の先端は七里先まで見える。地球が丸いため。

☆**【関連】地球は公転と自転**

(解)地球は太陽系を一年（三六五日）かけて回り、又一日（二四時間）に一回自転する（引力の法則による）。

※船《ふね》に乗れば船頭に身を任《まか》す（八七一）

(解)それぞれの専門家の意見を聞き、又、仕事をまかす。

※**【同義】岡目八目で見守る**

(解)細かく干渉せず、事業や子弟を指導する。

※冬帷子《ふゆかたびら》に夏布子《ぬのこ》（八七二）

(解)季節はずれの物でも、貰うとうれしい。

※**【同義】餓鬼のすき腹**

(解)餓鬼は腹がへっているので、選り好みせずなんでも食べたい。

※冬来《ふゆき》たりなば春遠からじ（八七三）

(解)きびしい境遇を辛抱すれば幸せがくる。

※**【同義】立春大吉**

(解)太陽暦の二月初めの立春は、陰暦の元旦の頃で、春はすぐそこにある。

※武力《ぶりょく》には武力を以ってす（八七四）

(解)力を以って相手を押えこむ戦術。

※**【反対】恨みに報ゆるに、徳を以ってす**

(解)恨む心はやめて徳で報復するという倫理。

※刎頚《ふんけい》の交わり（八七五）

(解)きわめて親密な友情関係。

※**【同義】順境は友を作り、逆境は友を試す**

(解)逆境の時でも友人としてつきあえる人こそ真の友人。

下手な考え休むに似たり（八八一）

兵は得やすく、将は求め難し（八七九）

※分別《ぶんべつ》過《す》ぐれば愚に返る（八七六）

(解)考えすぎると却って悪い。

☆【同義】過ぎたるは、なお及ばざるが如し

(解)適当がよく、過剰はかえって悪い。

※兵《へい》強ければ戦に勝つ（八七八）

(解)戦争に勝つには軍隊が強いことが条件。

※【反対】兵強ければ亡ぶ

(解)兵が強くても、天の理、地の利がなく、又気のゆるみがあると戦に負ける。

※兵《へい》は得易く、将《しょう》は求め難し（八七九）

(解)兵隊は求めやすいが、立派な将校（指揮者）はなかなか得にくい。

※【同義】多きも人、少なきも人

(解)すぐれた人物は少ない。

※平家《へいけ》を滅ぼしたのは源氏（八八〇）

(解)平家を滅ぼしたのは、通常、源氏の将兵であると言われる。

※【反対】平家を滅ぼしたのは平家

(解)平家を内部的に崩壊させたのは清盛などの傲慢による。自分を破滅させるのは自分。

※下手《へた》な考え、休むに似たり（八八一）

(解)碁・将棋の長考を笑う。

☆【反対】寝床と便所は考え所

(解)良い考えが出る所。

※下手《へた》の長糸《ながいと》、上手の小糸（八八二）

(解)上手な裁縫師は短い糸を何回も糸通ししながら縫う。小回りがきくため。

※【関連】道具と女房はありあわせ

(解)道具と女房はありあわせでも、無いと困る。

坊主憎けりゃ袈裟まで憎い（八九〇）

弁慶に薙刀（八八六）

※蛇《へび》も一生、なめくじも一生（八八四）

（解）人間には賢愚の差があっても生死は一回。

※【同義】天は人の上に人をつくらず

（解）人間は元来すべて平等で階級差などない。福沢の考え（福沢諭吉）。

☆へりくだりも卑下《ひげ》のうち（八八五）

（解）自分が謙虚になって人を立てる。

☆【関連】卑下も自慢のうち

（解）表面は謙遜しているが内心は自慢と高慢。

※弁慶《べんけい》に薙刀《なぎなた》（八八六）

（解）強い弁慶が薙刀を振り回すと威力が一層大。

※【同義】鬼に金棒

（解）鬼が金棒を持った時の偉大な力。

※ペンは剣《けん》よりも強し（八八七）

（解）言論の力は武力に勝る（リットン卿の言葉）。

※【反対】文武両道

（解）文と武の両方にすぐれている。

※坊主《ぼうず》憎けりゃ、袈裟《けさ》まで憎い（八九〇）

（解）本人と関係あるものはすべて嫌う。

※【関連】しつこい坊主に檀那は無い

（解）檀家にねだりすぎる坊主は嫌われる。しつこい者は嫌われる。

※坊主《ぼうず》捨て置け、医者大事（八九一）

（解）病人のいる家では坊主より医者が大切。

※【関連】医者、匙を投げた。さあ坊主

（解）医者が手を放すと坊主の世話になる。

発句、苦になる（八九五）

☆**棒《ぼう》ほど願って針ほど叶う**（八九二）

㊫希望することと実現率とのへだたり。

☆**【関連】希望は生きている人間の証**

㊫人間は惰性と共に希望をもって生きている。希望がなくなれば死である。

※**朋友《ほうゆう》は六親に次ぐ**（八九三）

㊫友達は親類と同じくらいに大切である。

※**【関連】昨日の敵は今日の友**

㊫今まで敵であったのが何かの事情で親しい友になる。

※**矛《ほこ》と盾《たて》を売る者**（八九四）

㊫この矛はどのような盾をも通す、この盾はどのような矛をも防ぐと言って商売する。矛盾の用語の起こり。

☆**【反対】良いものは良く、悪いものは悪い**

㊫機械論的で融通のきかない考え。

☆**発句《ほっく》、苦になる馬鹿になる**（八九五）

㊫良い俳句をつくることは大変な苦労である（句と苦をかける）。

☆**【関連】炬燵俳諧（こたつはいかい）、夏将棋**

㊫冬は炬燵で俳句を作り、夏は縁台で将棋をさす（季節的な趣味の変化）。

※**法華《ほっけ》と念仏《ねんぶつ》、犬と猿**（八九六）

㊫自力的な日蓮宗は浄土宗を他力的と批判することで両者の対立関係が生まれる。

※**【関連】だんだんよくなる法華の太鼓**

㊫法華の団扇太鼓がだんだんと強くひびく。物事がよくなることをいう。

☆**北高《ほっこう》南低**（八九七）

㊫日本海の気圧が高い冬の天気。大阪では淀川以北が工業力が高く、南部は低い。

☆**【反対】南高北低**

㊫太平洋高気圧が強い夏。昔の泉州地方は繊維や二毛作などで経済力が高かった。

※仏様《ほとけさま》の椀で、かなわん（八九八）

(解)叶わんとは困った時をいう。

※【反対】仏の光も金次第

(解)仏のご利益も金によってきまる。

※仏《ほとけ》つくって魂入れず（八九九）

(解)最も大事なもの（魂）が抜けている。

※【反対】頭剃るより、心を剃れ

(解)外形よりも精神が大切。

☆骨《ほね》身《み》惜《お》しむな、無駄惜しめ（九〇〇）

(解)体を動かすことを苦にするな、それより物の無駄使いをやめることが大切。

☆【反対】骨折り損のくたびれ儲け

(解)苦労して行ったが何の効果もなかった。

※褒手《ほめて》千人、雑言《ぞうごん》万人（九〇一）

(解)ほめる人は少なく、悪口を言う人は多い。

☆【関連】褒める人は買わぬ

(解)ひやかし客は、褒めて買わない。

☆褒《ほ》められて腹の立つものなし（九〇二）

(解)悪口言われるよりほめられるのは嬉しい。

☆【反対】褒める人には油断するな

(解)褒める人には、何か魂胆があるため。

※惚《ほ》れて通えば千里も一里、逢わずに戻ればまた千里（九〇四）

(解)恋心があれば苦労もあまり気にしない。

※【同義】いやいや嬉しい年増の娘

(解)口では嫌と言いながら心の中では喜ぶ。

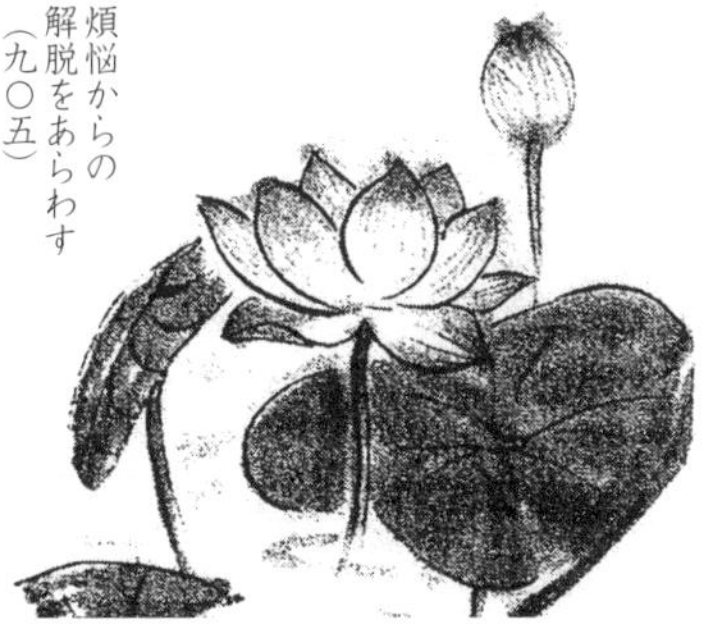

蓮の花

煩悩からの解脱をあらわす（九〇五）

天狗の魔気惜しみ（九一一）

※煩悩《ぼんのう》の犬は追えども去らず（九〇五）

（解）生理的欲望としての色欲や食欲から抜け出すことは容易でない。

※【反対】煩悩即菩提

（解）煩悩と菩提（悟り）の対立を認めながら両者を妥協させようとする在家仏教的考え方。

※凡人《ぼんじん》、馬鹿を笑う（九〇六）

（解）自分が浅ましい存在であるのに、同じ仲間に同情せず相手を冷笑する。

※【反対】馬鹿を笑うも、貧者を笑うな

（解）貧乏な人はいろいろな理由があって貧乏になったのだから冷笑してはいけない。

※凡《ぼん》夫《ぷ》も悟れば仏（九〇七）

（解）煩悩に振り回されている凡人もそれを脱すれば仏（覚者）となる。

※【同義】迷わぬ者に悟りなし

（解）煩悩に振り回されているということに気付くことが悟りへの第一歩。

※曲《まが》らねば世は渡れぬ（九一〇）

（解）世渡りのためには、時には義理（節）を破る。

※【同義】嘘も追従（ついじゅう）も世渡り

（解）世渡りのためには、時には嘘やおべっかも言わねばならない。

※負《ま》け惜《お》しみの減《へ》らず口（九一二）

（解）勝手な理屈を並べて自己弁護する。

※【同義】天狗の魔気惜しみ

（解）魔気惜しみとは、負け惜しみを言う。

※誠《まこと》は天の道（九一三）

（解）嘘を言わないことが天の命令である。

※【関連】嘘から出た真（まこと）

（解）嘘で言ったことが世間では本当になった。

待てば海路の日和あり（九一六）

満を持す（九二一）

※馬子《まご》にも衣装（九一四）

㊫外面を飾れば立派にみえる。

※【反対】馬子には、どてら

㊫馬子には綿入れがよく似合う。

※末世《まっせ》には鬼が出る（九一五）

㊫道義の乱れた時代には、悪人が氾濫する。

※【反対】末世には仏が出る

㊫道義の衰えた時代には仏が出て、乱世を救おうとする。

☆待《ま》てば海路《かいろ》の日和《ひより》あり（九一六）

㊫少し待っていると危機からぬけ出せる。

☆【関連】待っての湯沸し、煮立ちが遅い

㊫待っているとなかなか湯が沸かない。

※学《まな》びて思わざれば罔《くら》し（九一七）

㊫物知りだけでは真の知識とはならない。思うとは、物の必要性を明らかにすること。

☆【同義】真実一路

㊫生成発展過程についての真実（因果関係）がはっきりしていること。

※豆《まめ》を煮るのに、豆がらを焚く（九一八）

㊫仲間同士が争うこと。

※【同義】兄弟、垣にせめぐ

㊫兄弟が互いに争うこと。

☆迷《まよ》える子羊（九一九）

㊫群から離れた者には危険が一杯。

※【反対】迷えば凡夫、悟れば仏

㊫迷っている者は悟るように努力せよ。

ミイラ取りが
ミイラになる
（九二三）

庚申
（青面金剛）
（九二三）

※丸《まる》くとも一角あれや人心（九二〇）

(解)穏やかな人でも堅固な一面がほしい。

☆【関連】丸い器に角の蓋（ふた）

(解)蓋の役目を十分にしない。仲が悪い。

☆満《まん》を持す（九二一）

(解)極点の状態を続ける。自身満々。

☆【反対】意気消沈する

(解)気力が無い。

※ミイラとりがミイラになる（九二三）

(解)相手を折伏しようとして失敗する。相手の言う通りになる。

※【関連】庚申の夜は、夫婦も寝てはいけない

(解)子供をはらむと三戸虫（さんしちゅう）が天に昇って罪を告げる。

※味方《みかた》千人、敵千人（九二四）

(解)世の中には味方も多いが、敵も多い。

※【同義】今日の味方は明日の敵

(解)味方と思っていた人に裏切られる。

☆味方《みかた》に敵あり（九二五）

(解)味方の中にも味方を批判する者がいる。

☆【反対】敵に味方あり

(解)敵の中にも味方に共鳴する者がいる。

※身《み》から出た錆（九二六）

(解)自分の犯した犯罪に自ら苦しむ。

※【同義】自業自得

(解)自分の悪業で苦しい報いをうける。

見ざる、言わざる、聞かざる（九三〇）

清濁あわせ飲む湖（九三二）

※蜜柑《みかん》が紅くなれば医者は青くなる（九二九）

(解)秋になると健康な人がふえ、患者がへり、医者は困る。

※【関連】藪医者の手柄話

(解)二流の医者や職人が自慢話をするのを、世間の人が冷笑して言う。

※見《み》ざる、言わざる、聞かざる（九三〇）

(解)不要なものは、見ない、言わない、聞かない。情報化時代への警告。

※【関連】猿の狂言でつじつまが合わない

(解)言うこととすることとが不一致。

☆短《みじか》い人生、あくせく暮らす（九三一）

(解)人生は短いと言い、日々をあくせく暮らす。

☆【反対】長い人生、気ままに暮らす

(解)人生は長いと言ってのんびり暮らす。

※水清《みずきよ》ければ魚住まず（九三二）

(解)潔白すぎて融通がきかない。高潔過ぎて仲間ができない。

※【反対】清濁あわせ飲む

(解)度量が大きく、少しの悪は許す。

☆水心《みずごころ》あれば魚心（九三三）

(解)環境によって人の心は変わる。

☆【関連】魚心あれば水心

(解)魚の気持ちを水も察してくれる。相手の態度でこちらの動きも変わる。

☆水《みず》と油でなじまない（九三四）

(解)水と油とではしっくりと溶け合わない。

☆【反対】水に源あり、樹に根あり

(解)ものには根源がある。

水は逆さまに流れず（九三五）

変わらぬは親の頭と地頭のぼた餅（九三八）

☆水《みず》は逆さまに流れず（九三五）

(解)自然の順調な動きをいう。

※【反対】石が流れて木の葉が沈む

(解)世相が逆転すること。

☆水《みず》を沸かして湯にする（九三六）

(解)努力して成功にこぎつける。

☆【反対】湯を冷やして水にする

(解)せっかくの努力を無駄にする。

※味噌《みそ》も糞《くそ》も一緒（九三七）

(解)形は似ているため、同じに考える。

※【同義】玉石混交

(解)良いものと悪いものとが混ざり合う。

☆三日《みっか》見ぬまの桜かな（九三八）

(解)世の中の移り変わりの早いこと。

※【反対】変わらぬは親の頭と地蔵のぼた餅

(解)親の子への愛情は永久に変わらない。地蔵は宝珠を常にもつ。

※満《み》つれば欠くる世の習《なら》い（九三九）

(解)繁栄が頂上に達すると衰退する。

※【反対】腹八分目で医者いらず

(解)満腹ではなく、食事を少し控えておくと健康によい。最大限より適当がよい。

※三日《みっか》天下（九四〇）

(解)明智光秀は信長を殺したが、山崎の合戦で秀吉に敗れた。権力の座が短いこと。

※【反対】徳川十五代三百年

(解)徳川幕府は三百年の長きにわたり続いた。

三つ子の魂、百まで（九四二）

実ほど頭を垂れる稲穂かな（九四七）

※三日《みっか》坊主で職替える（九四一）

（解）職場を転々とし長続きしない。

※【関連】蛍二十日に蝉三日

（解）蛍の寿命は長いのに対し、蝉は短い。

※三《み》つ子《ご》の魂《たましい》、百まで（九四二）

（解）幼年時代の記憶や性格は一生つづく。

※【関連】負うた子に教えられ浅瀬を渡る

（解）大人が子供から教えられること。

☆三つ叱《しか》って、五つ褒《ほ》め、七つ教えて子は育つ（九四三）

（解）教育の方法として叱ることより褒めること。

☆【同義】五つ教えて、三つ褒め、二つ叱って、よい人にせよ

（解）本人に納得いくように教えることが必要。

☆見て旨《うま》そうなものは喰ってうまい（九四四）

（解）外見によって内容が判断されやすい。

※【反対】人には添うてみよ、馬には乗ってみよ

（解）外見ではなく実際に付き合ってみること。

☆見《み》ないことには話にならぬ（九四六）

（解）実際に見ないと本当のことがわからない。

※【反対】咄（はな）し家、見ぬ京の物語

（解）咄家は実際に見なくても作り話などをする。

☆実《みの》るほど頭《こうべ》を垂れる稲穂かな（九四七）

（解）立派な人ほど言動が謙虚である。

※【同義】老人と釘の頭はひっこむがよい

（解）老人はあまりでしゃばらない方がよい。

昔は昔、今は今（九五五）

SLつばめ号

昔のことをいうと鼠が笑う（九五四）

※耳《みみ》を貴び、目を賤《いや》しむ（九四八）

(解)遠くのことを立派なように信じ、近くのものを軽視することの愚。

☆【反対】百聞一見に如かず

(解)実際に見るのが一番確実である。

※身《み》を捨《す》ててこそ浮かぶ瀬もあれ（九四九）

(解)捨身、あるいは決死の覚悟で修行する。欲を捨て天命に従う生き方。

※【同義】捨身の行

(解)寝食をたって修行（荒行）し悟りをひらく。

※昔《むかし》の千里、今一里（九五二）

(解)昔は千里も走った駿馬も、今は老いて一里しか走れない。天才も老いては駄目。

☆【反対】老いてますます元気

(解)老いてもなお若者に負けない元気さ。

※昔《むかし》取った杵柄《きねづか》（九五三）

(解)若い時に鍛えた腕（技能）がなお続く。

※【反対】昔のことを言えば鬼が笑う

(解)過去のことを懐古しても駄目。

※昔《むかし》のことを言うと鼠《ねずみ》が笑う（九五四）

(解)昔のことは現在通用しない。

※【反対】昔からのことわざに嘘はない

(解)古い諺で現在も通用するものが多い。

☆昔《むかし》は昔、今は今（九五五）

(解)昔のことを、現代言っても通らない。

☆【同義】昔は奥様、今は口様

(解)昔の女性は口数も少なく控え目。現在は社会的な進出も多く話も上手。

無常の風は時を選ばず（九五七）

病は家を倒す（昔）今は国をつぶす（九六〇）

※向《むこ》う三軒、両隣（九五六）

解 特に親しい近所づきあい。昔は五人組。

☆【同義】遠い親戚より近くの他人

解 防火、防犯などで助け合う互助組織。

※無常《むじょう》の風は時を選ばず（九五七）

解 死は老若男女に対し、必ず襲いかかる。

※【同義】諸行無常、諸法無我、一切皆空

解 この世の中のものは、すべてはかない運命をもつ。

※娘《むすめ》三人おれば家が傾く（九五八）

解 嫁に出すための金銭が多くかかる。

※【関連】娘は父親より母親に味方する

解 娘は母親（女同志）に同情し、ねだる。

※娘《むすめ》でも嫁となれば憎くなる（九五九）

解 自分の娘でも、嫁（養子娘）となると憎くなる。

※【関連】嫁御と麦は始めに踏め

解 嫁は来た時に仕込むことが必要。

※娘《むすめ》と病《やまい》で家倒す（九六〇）

解 娘の嫁入り支度や病気の療養で家が破産。

※【反対】食うて、家倒れず

解 平常の衣食住の支出だけでは家計は破綻しない。

☆無理《むり》が通れば道理がひっこむ（九六一）

解 道理に反したことが、まかり通る世の中。

※【同義】主と親とは無理を言う

解 昔の主君と親は下の者に無理を言った。

名所、名物、一度は見たい（九六四）

天の橋立

えせ武士の刀いじり（九六三）

※名工《めいこう》は道具を選ばず（九六三）

㊚立派な職人は道具にこだわらない。

※【反対】えせ武士の刀いじり

㊚二流の武士は刀にこる。

☆名所《めいじょ》、名物、一度は見たい（九六四）

㊚一生のうちで名所と言われる所をぜひ見たい。また名物も食べたい。

※【反対】名所に見所なし

㊚名所と言われる所でも、実を伴わない所もある。

※名人《めいじん》は人を謗《そし》らず（九六五）

㊚名人は他人の仕事を悪く言わない。

※【反対】何でもこいに名人なし

㊚便利屋は一芸に秀でた名人になれない。

※名物《めいぶつ》に旨《うま》いものなし（九六七）

㊚名物に対する野次馬的批判の言葉。

※【同義】名物は聞くに名高く、食うに味なし

㊚名物は食べてみるとそれほどうまくない。

※妾《めかけ》もつのは男の甲斐性《かいしょう》（九六八）

㊚昔は本妻以外に側室をもつのを、その男の力量とした。

※【関連】焼き餅やかぬ女房はいない

㊚本妻は妾に嫉妬（しっと）する。

※目《め》には目、歯には歯（九七〇）

㊚最も素朴な報復行為。バビロニア法典。

※【反対】右の頬を叩かれたら、左の頬を出せ

㊚キリストの無抵抗主義の思想。

盲人
蛇に怖じず
（九七五）

泥田の
中から
蓮の花
（九七七）

☆**目は見るに飽《あ》くことなく、耳は聞くに満つることなし**（九七一）

解 人間の五感や欲望は無限に広がる。

※【反対】見ざる、聞かざる、言わざる

解 他人や俗世のことなどに対し無関心。

※**めんどりうたえば、家不吉《いえふきつ》**（九七二）

解 妻が家や夫を支配している家は栄えない。

☆【反対】めんどりすすめて、おんどり歌う

解 一般とは逆に妻の言いなりに夫が動く。

※**盲人《もうじん》が弓を引く**（九七四）

解 盲人は目標が見えないので矢は当らない。

☆【同義】唖者（あしゃ）の夢見るが如し

解 物を言えない唖者が夢をみても、それを人に話すことができない。

※**盲人《もうじん》、蛇に怖《お》じず**（九七五）

解 物の恐ろしさを知らないため無茶な行為をあえてする。

☆【同義】見ない者ほど、ひどい盲人はない

解 自ら進んで観察しない人間は最大の盲人。

☆**儲け商人の泣きごと**（九七六）

解 商人は儲けても、口では「あきません」と言う。

☆【反対】理屈商人、金儲けせず

解 実務に精を出さず、理屈ばかり言っている商人は金儲けは下手。

※**孟母三遷《もうぼさんせん》の教え**（九七七）

解 教育は環境のいい所を選ぶ。

※【反対】泥田の中から蓮の花

解 環境のよくない所から素晴らしい成果がえられる。

見ざる、言わざる、聞かざる（九七一）

餅は餅屋（九七九）

※餅《もち》は貧乏人の子に焼かせ（九七八）

（解）餅は表面が黒焦げにならないように、貧乏人のこまめさによって絶えずひっくり返すことが必要。

※**【反対】栄耀（えいよう）に餅の皮むく**

（解）贅沢にも程がある。「勿体ない」ということを知らない馬鹿人間をいう。

※餅《もち》は餅屋（九七九）

（解）それぞれの専門家の存在。

※**【同義】蛇（じゃ）の道は蛇（へび）**

（解）蛇のことは蛇にきくがよい。

☆持《も》つべきは女房（九八〇）

（解）男子にとって妻は心身をなぐさめてくれる最大の伴侶。

※**【同義】女房と米の飯は飽かぬ**

（解）何年たっても、嫌にならないもの。

※持てる者の悩み（九八一）

（解）金や財産をもつ人々の贅沢な心配ごと。

※**【反対】持たざるもの、失うものなし**

（解）貧乏人は盗難や火事などによって、財産などをなくす心配はない。気楽に暮らす。

※元《もと》の木阿弥《もくあみ》（九八二）

（解）もとの悪い状態になる。木食上人が再び俗人となる。

※**【関連】よい客は店を変えず、よい店は客を変えず**

（解）客と店との信頼関係が強く取引が続く。

※求めよ、さらば与えられん（九八三）

（解）ひたすら神に祈れ　、神は心を安定させる。

※**【反対】木によりて魚を求める**

（解）手段方法が間違っていると、成果がえられない。

桃栗三年、柿八年（九八七）

学んで思わざれば則ち、くらし（九八九）

パソコン学問

☆物《もの》言《い》えば唇《くちびる》寒し秋の風（九八四）

(解)不要なことを言うと禍をおこす。

※【反対】沈黙は金

(解)不要なことは言わないのがよい。

※物種《ものだね》は盗めるが、人種は盗めず（九八五）

(解)植物の種を買うことは容易であるが、よその主人（血統）の種を貰うことは無理。

※【同義】血筋は隠されぬ

(解)血縁関係から来る血統はそれぞれが特徴をもっている。

※ものは言い残せ、薬は食い残せ（九八六）

(解)口は慎み、薬も飲みすぎない。

※【反対】毒を食らわば皿まで

(解)蓮華草は、自然の中でこそ美しい。

※桃栗《ももくり》三年、柿八年（九八七）

(解)一人前になるには年数がかかる。果実が実る年数の相場。

※【同義】首振り三年、ころ八年

(解)尺八の音色が出るための修行年数。

※門前《もんぜん》、市をなす（九八八）

(解)高名をしたって訪れる人が多い。

☆【反対】閑古鳥（かんこどり）が鳴く

(解)さびしい状態。商売がはやらないこと。

※門前《もんぜん》の小僧、習わぬ経を読む（九八九）

(解)寺の門前に住む子供は勉強せずに経を覚える。

☆【反対】学んで思わざれば則ち、くらし

(解)知識や情報は知るだけでなく、その意味（本質）をよく考えることが必要である。

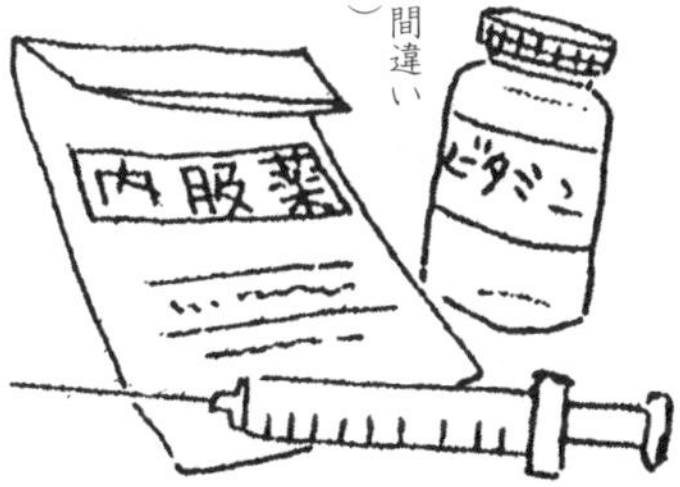

薬と鑢の間違い（九九五）

※門《もん》を開きて盗人に愛想《あいそう》する（九九〇）

(解)自ら進んで災難を招くこと。

※【同義】盗人に鍵をあずける

(解)悪人に便宜を与える。

※八百長《やおちょう》をする（九九二）

(解)人あしらいのうまい八百屋の長兵衛、競争相手となれあいをする。

※【反対】真剣勝負をする

(解)死を賭して試合をする。

※焼餅《やきもち》とかき餅は焼く方がよい（九九三）

(解)焼餅とは妻が夫の浮気を嫉妬すること。

※【同義】悋気（りんき）も少しは愛想

(解)適度の焼餅は可愛い。

☆焼《や》け石《いし》に水（九九四）

(解)少しの努力では効果がない。

※【同義】焼け石に雀の涙

(解)気なぐさめ程度のもの。

※鑢《やすり》と薬《くすり》の飲み違い（九九五）

(解)間違いやすい言葉。八と九の違い。

※【関連】間違いと気違いはどこにもある

(解)世の中にはこれらが多く存在。気違いは差別語。

※痩《や》せ馬《うま》、鞭《むち》を恐れず（九九六）

(解)貧困になると生きるため罰を恐れず、罪を犯す。

※【関連】罪を憎んで人を憎まず

(解)犯罪そのものは社会悪であるが、その人には同情する。

藪をつついて蛇を出す（一〇〇一）

柳の下にいつも泥鰌はいない（九九九）

※やせ我慢《がまん》も貧乏から（九九七）

㊫衣食住などを我慢しているのも、金がないから。

※【反対】やせ我慢も武者修行

㊫痩せ我慢をするのも心身の鍛錬のため。

☆柳《やなぎ》に雪折れなし（九九八）

㊫柔軟なものの方が弾力性があり強い。

※【関連】雨垂れ、岩を穿（うが）つ

㊫小さなことでも根気よく続ければ大きな仕事を成し遂げる。

※柳《やなぎ》の下に何時も泥鰌《どじょう》はいない（九九九）

㊫同じ幸運は二度おこらない。

※【同義】株を守りて兎を待つ

㊫たまたま得た幸運を再度期待する。

※柳《やなぎ》は緑に花は紅（一〇〇〇）

㊫人工美ではなく自然そのものの美しさ。

※【同義】手にとらで、やはり野に置け蓮華草

㊫蓮華草は、自然の中でこそ美しい。

※藪《やぶ》をつついて蛇を出す（一〇〇一）

㊫しなくてもよい事をして禍を起こす。

※【同義】寝ている子供を起こす

㊫平穏な状態をわざわざ破るの愚。

※病膏肓《やまいこうこう》に入る（一〇〇二）

㊫病気や、道楽が治癒不能に陥ること。

☆【関連】八方手をうつ

㊫色々と手段を講じる。

山高ければ谷深し（一〇〇五）

毒ガス、鼻と口より入る（一〇〇七）

※病上手《やまいじょうず》の死《し》に下手《べた》（一〇〇三）

㊎病気が次々とおこるが死なない。

※【関連】命（いのち）延びて、坊主待ちぼうけ

㊎なかなか死なないので坊主は困る。

☆山高《やまたか》ければ谷深し（一〇〇五）

㊎高い山は谷も深い。株価の急上下。

☆【同義】乱高下（らんこうげ）

㊎飛行機が乱気流の中で大ゆれ。

☆病《やまい》半《なか》ばにして快気祝《かいきいわい》（一〇〇六）

㊎全快祝ができず快気祝とする。

☆【関連】病治りて遺言状反古（ほご）

㊎病気が治り死から遠ざかったので遺言状の必要性がなくなる。

☆病《やまい》は口より入る（一〇〇七）

㊎病気は食物によって起こるものが多い。

※【反対】禍は口から出る

㊎口から出る言葉によるトラブル。

※闇世《やみよ》に烏《からす》（一〇〇八）

㊎共に暗く見えにくい。

※【関連】闇夜に鉄砲

㊎目標に当らない。

※闇世《やみよ》に提灯、曇《くも》りに笠（一〇〇九）

㊎夜歩きの時は明りが必要。雨模様の時は傘が必要。予め準備しておくこと。

※【反対】夜道と水練、馬鹿がする

㊎危険な夜道や川泳ぎ。あまり必要でないことをあえてする者を馬鹿という。

年寄りの元気は春の雪（一〇一〇）

※病《や》め医者、死ね坊主（一〇一〇）

㊫生活のための医者や坊主の本音（葬式仏教）。

※【関連】年寄りの元気は春の雪

㊫春の雪はすぐなくなる。年寄りの元気も一時のから元気。

☆病《や》んで医を知る（一〇一一）

㊫病気になって医者の有難みを知る。

☆【関連】病む身より、見る目のつらさ

㊫本人よりも看病しているものの心痛。

※憂患《ゆうかん》に生き、安楽に死す（一〇一三）

㊫心配事のある時は頑張っているが、気楽になると惚けて死す（孟子）。

☆【関連】年寄りのやる気、根気、元気

㊫若者に負けない老人の気迫。

☆友情《ゆうじょう》は金では買えぬ（一〇一四）

㊫真の友情は金ではなく心である。

☆【反対】金貸せば友を失う

㊫金を貸すと喜ばれると共に恨まれる。

☆夕立《ゆうだち》は馬の背を分ける（一〇一五）

㊫夕立は局地的におこる。

☆【反対】本降りとなって出て行く雨宿り

㊫夕立が本降りとなったため出て行く。

※夕方虹がたつと晴（一〇一六）

㊫西の方が晴れているから。

※【同義】秋の夕焼けは？をとげ

㊫明日は天気であるから。

用なき時は閻魔顔（一〇二三）

用ある時は地蔵顔（一〇二二）

☆油断《ゆだん》は大敵（一〇一七）
(解)気をゆるめることは危険である。
☆【同義】油断も隙もない
(解)少しも気が許せない状態。

※行《ゆ》く者には路を譲るべし、耕す者には畦をゆずるべし（一〇一八）
(解)儒教道徳では、争いや利己主義を否定し謙譲を美徳とした。
※【反対】我がまま増長天
(解)勝手気侭に振るまうこと。増長天は四天王の一つ。

※揺籠《ゆりかご》から墓場まで（一〇一九）
(解)全生涯に社会福祉を充実させる（イギリス労働党の政策）。
☆【関連】生涯学習
(解)文部省は社会教育を生涯学習に改めた。上からの教育ではなく自主学習を目指す。

☆湯《ゆ》を沸《わ》かして水にする（一〇二〇）
(解)有効利用せず、無駄にすること。
☆【反対】省エネとリサイクルで環境保全
(解)エネルギー、資源、ゴミ等の再利用。

※用《よう》ある時は地蔵顔（一〇二二）
(解)物を頼む時はにこにこ顔。
※【反対】用なき時は閻魔顔（えんまがお）
(解)用のない時は挨拶もしない利己主義者。

※羊頭《ようとう》を掲げて狗肉《くにく》を売る（一〇二三）
(解)看板と実際に売る商品とが違う。騙す商法（狗肉は犬肉）。
※【同義】商人と衡立はまっすぐには立たぬ
(解)商人は多少とも掛け引きが必要で、阿呆正直では商売が成り立たない。

仏疑うな罪深し（一〇三一）

☆**欲《よく》に頂《いただき》なし**（一〇二四）
㊫貪欲に走る。
☆【関連】欲ゆえに騙される
㊫目先の欲に惑わされ大損をする。

☆**欲張《よくば》って糞《くそ》たれる**（一〇二五）
㊫欲に走って失敗する。
☆【同義】欲の川の深右ェ門
㊫人間の欲の深いことをいう。

☆**欲《よく》も知らねば身がたたぬ**（一〇二六）
㊫食欲や色欲がないと人間は生きられない。
☆【反対】欲に耽る者は目見えず
㊫欲に惑わされて正しい判断ができない。

☆**横車《よこぐるま》を押す**（一〇二八）
㊫無理なことをする。車は通常車輪の方向に動かすから横の方向は無理。
☆【同義】横板に水
㊫縦板であれば水はよく流れるが、横板だと流れにくい。

※**世《よ》の中の宝は、医者、知者、福者**（一〇三〇）
㊫世の中で重宝がられる、また力をもつものとして、医者、知者、資産家がある。
☆【関連】憎まれっ子、世にはばかる
㊫憎まれるような人間は、いろいろ仕事をし、権力を振う。

☆**世《よ》の中は仏千人、神千人**（一〇三一）
㊫世の中には悪人以外に助けてくれる人が多い。
※【関連】仏疑うは罪深し
㊫仏の教えは無批判的に信じよ。疑うと仏罰がくる。

死んでいく時は如来様頼り（一〇三六）

貰うものなら夏でも小袖（一〇三四）

☆世《よ》の中は広いようで狭い（一〇三二）

㊮偶然に人とあったり、無いものが出てくること。

☆【関連】狭き門より入れ

㊮天国へ行くには狭い門があり、信仰と努力によってその門をくぐりなさいという聖者の言葉。

☆嫁《よめ》が姑《しゅうとめ》になる（一〇三三）

㊮時間がたつと若嫁が姑の立場になる。

☆【同義】被害者が加害者になる

㊮被害者であった嫁が加害者に逆転。

☆嫁《よめ》と猫は近所から貰うな（一〇三四）

㊮近くからもらうとすぐ実家へ帰る。

☆【反対】貰うものなら夏でも小袖

㊮貰うものにあまり文句を言うな。

☆嫁《よめ》は家のもの、娘は他人のもの（一〇三五）

㊮もらった嫁は家族の一員である。他家へやった娘は他人となる。

☆【関連】夏の火は嫁に、冬の火は娘に焚かせ

㊮夏場の炊事はきついので嫁にさせ、冬の炊事は暖かいので娘にさせる。

※寄《よ》らば大樹の陰（一〇三六）

㊮頼る時は有力者に頼るほうがよい。

※【同義】死んでいく時は如来様頼り、娑婆（しゃば）にいる時は親頼り

㊮自助努力せず人頼りに一生暮らす。

☆よりよい品を、より安く（一〇三七）

㊮よい品は高くなるのが通常であるが、それを安く売ると宣伝するスーパー商法。

☆【反対】安物買いの銭失い

㊮安物には品質の悪い物が多い。

世渡り殺生、釈迦も許す（一〇四〇）

楽隠居、楽に苦しむ（一〇四四）

☆弱《よわ》きは、強きに負《ま》ける（一〇三八）

㊖通常の考え方として強食弱肉が支配。

☆**【反対】柔よく剛を制す**

㊖弱いものが強いものに勝つという逆転の思想。

☆弱《よわ》き者、汝の名は女（一〇三九）

㊖通常は女性は男性に対し弱い。シェクスピアの言葉。但し母となると強い。

☆**【反対】女と靴下は強くなる**

㊖戦後、女性の社会的地位が向上。

※世渡《よわた》り殺生《せっしょう》、釈迦も許す（一〇四〇）

㊖生活のためなら、牛馬を殺したり、多少の不道徳も許される。

※**【関連】殺生は八分の損、見るは十分の損**

㊖生物を殺すのは罪である。しかしそれを見て喜ぶ者はより以上の罪。

☆弱《よわ》り目に祟《たた》り目（一〇四一）

㊖悪いことが重なる。

☆**【関連】人は落ち目が大切**

㊖苦しい状態に陥った時やけくそにならないこと。

☆来年《らいねん》のことを言うと鬼が笑う（一〇四二）

㊖来年の事について予測は無理である。

☆**【同義】明日の百より今日の五十**

㊖明日や来年の不確実なことより、今日の儲けが大事である。

☆楽隠居《らくいんきょ》、楽に苦しむ（一〇四四）

㊖趣味を持たない老人が閑で困る。

☆**【反対】年寄りの冷や水**

㊖老人が、から元気を出す。

楽は苦の種（一〇四五）

理屈と膏薬は何処へでもつく（一〇五〇）
天皇とマッカーサーとの会談

☆楽《らく》は苦の種、苦は楽の種（一〇四五）
(解)今苦労しておけば先は楽になる。

☆【同義】先憂後楽
(解)予め苦労や心配しておくべきことは先にしておくと後はよいことになる。

※洛陽《らくよう》の紙価を高める（一〇四六）
(解)出版した本がよく売れること。

※【関連】本を貸す馬鹿、返す馬鹿
(解)コピー機のなかった昔は本を貸しても返してもらえなかった。

☆落花《らっか》枝に返らず、破鏡《はきょう》再び照らさず（一〇四七）
(解)一度破壊されたものは回復しない。離婚した者の再婚はむつかしい。

※【同義】覆水、盆に返らず
(解)失敗して取り返しのつかないこと。

※李下《りか》に冠《かんむり》を整《ただ》さず（一〇四九）
(解)怪しまれるような行為をしない。

※【同義】瓜田に履（くつ）を入れず
(解)瓜田に入らない。

☆理屈《りくつ》と膏薬《こうやく》は何処へでもつく（一〇五〇）
(解)屁理屈と言われる物はどこへでもつく。

☆【同義】理屈を言えば腹がたつ
(解)情愛のない理屈ずめをいましめる。夫婦や友は妥協も必要である。

☆理詰《りづ》めより重箱詰（一〇五一）
(解)理屈を言うより、ご馳走がほしい。

☆【反対】理は万民の喜び
(解)道理を通すことをすべての人が望む。

竜頭蛇尾（一〇五五）

李白、酒一年、詩百遍（一〇五四）

※律義者《りちぎもの》の子沢山（一〇五二）

㊮酒色に溺れない真面目人間は家庭円満で子供も多い。

☆【反対】律儀は馬鹿の別名

㊮真面目人間も度を過ぎると馬鹿呼ばわりされる。

☆理《り》に負けて非に勝つ（一〇五三）

㊮理屈には負けたが実利を取る。

☆【反対】理に勝って、非に負ける

㊮理屈には勝ったが損をした。

※李白、酒一斗、詩百遍（一〇五四）

㊮李は大酒飲みであるが多くの詩をつくる。中国の一斗は日本の一升。

※【反対】詩をつくるより田をつくれ

㊮文学にふけるより農業に精を出せ。

☆竜頭《りゅうとう》蛇尾（一〇五五）

㊮頭でっかちの尻すぼみ。始めだけ元気。

☆【関連】誇大妄想

㊮自分を買いかぶって立派と思い込む。

☆流《りゅう》言《げん》飛《ひ》語《ご》、矢の如く走る（一〇五七）

㊮根拠のない話や風評が次から次へと流れる。

※【反対】流言は知者の所にて止まる

㊮知者は馬鹿話をエスカレートさせない。

☆良薬《りょうやく》は口に苦し（一〇五八）

㊮忠告は本人にとって辛い。

※【反対】毒薬変じて薬となる

㊮毒と言われるものも、少し飲むと薬となるものがある。

老人の馬鹿ほど馬鹿なものはない（一〇六九）

孔子廟

論語読みの論語知らず（一〇七一）

☆**類《るい》は類を呼ぶ**（一〇六〇）

㊙似たもの同士が集まる。

☆【関連】牛は牛連れ、馬は馬連れ

㊙家畜は同じ類のものが集団行動をする。

☆**例外《れいがい》のない規則はない**（一〇六二）

㊙規則には例外の規定がある。

☆【同義】但し書きで補足と例外

㊙原則規定に対する補足条件や例外。

☆**歴史《れきし》はくり返す**（一〇六四）

㊙戦争など歴史的事件は繰り返す。

☆【反対】歴史は一回限りである

㊙同じ事件は二度とおこらない。

☆**老人《ろうじん》の馬鹿ほど馬鹿なものはない**（一〇六九）

㊙判断力のにぶい老人ほど困り者はない。

☆【反対】よき分別は老人に聞け

㊙よい判断は経験のつんだ老人に聞け。

※**老馬《ろうば》の知《ち》**（一〇七〇）

㊙老馬は帰る道をよく知っている。

☆【反対】老人の腕まくり

㊙柄にもない、から元気で笑われる。

※**論語《ろんご》読みの論語知らず**（一〇七一）

㊙論語に書かれている倫理や道徳を実行しないもの。

※【同義】論語で親の頭を打つ

㊙非道徳的人間。孝経で親の頭を打つ者。

博愛は衆に及ぼす
（一〇七六）

すべての人に
パンを

禍を転じて
福となす
（一〇七八）

☆**論《ろん》より証拠**（一〇七二）

㊫口頭の議論より物的証拠が重要。

☆【反対】**論に負ける**

㊫理論闘争で負ける。

※**我が家《や》の米飯より隣りの麦飯**（一〇七四）

㊫隣りのものがよいように思う。偏見。

※【反対】**我が家の仏尊し**

㊫自分のものへの愛着をいう。

※**我田《わがた》に水を引く**（一〇七六）

㊫他人の事は考えない利己主義者。

☆【反対】**博愛を衆に及ぼす**

㊫すべての人に愛の心をもって接す。利己主義への批判。

※**我《わ》がものと思えば軽し笠の雪**（一〇七七）

㊫多少苦労が多くても、自分の事なら我慢する。

☆【反対】**我が身のくささ、我知らず**

㊫自分の短所は自分にはわからない。

☆**禍《わざわい》を転じて福となす**（一〇七八）

㊫不幸をうまく転じて、幸福とする。

☆【反対】**天下の禍は人を殺すより、甚だしきはなし**

㊫戦争などで人を殺すのは最も悪い。

☆**禍《わざわい》は三年の不幸**（一〇七九）

㊫一度災難がおこると、その後三年間苦労がつづく。

☆【反対】**禍を転じて福となす**

㊫災難を契機に、新しい方向を模索。

笑う門には福来る（一〇八二）

和を以って貴しとなす（一〇八四）
法隆寺 救世観音

※綿入《わたい》れを着ての奉公人暮らし（一〇八〇）
(解)給料はいいが、雇われ人として主君に仕えることのつらさ。
※【反対】ぼろを着ての貧乏百姓
(解)百姓は自由に働けるが貧乏である。

※渡《わた》る世間《せけん》に鬼はなし（一〇八一）
(解)世の中には悪人と共に多くの善人がいる。
※【関連】渡りに船
(解)対岸に渡りたい時に助けてくれる人（船）。

☆笑《わら》う門《かど》には福来る（一〇八二）
(解)和気藹々（あいあい）としている家庭には幸福がくる。
※【反対】笑って損する箔屋の娘
(解)金箔屋は笑うと箔が飛ぶので禁物。

※藁《わら》で束ねても男は男（一〇八三）
(解)男性社会では貧相な男でも威張っている。
※【反対】女（かかあ）天下の国柄
(解)天の岩戸伝説では天照大神という女神が権威を握った。弥生時代の卑弥呼などと同じ。

※和《わ》を以って貴しとなす（一〇八四）
(解)互いに派閥間で争わず、和合することが大切である（聖徳太子の言）。
☆【関連】和して同ぜず
(解)互いに和合しながら、各人の意見は尊重する。

後編

基本のことわざ三、〇〇〇の内容別分類

（後編の内容）

(A) 体の仕組と働き
(B) 衣食住と心の働き
(C) 家族・社会・人間関係
(D) 職業・仕事・貧富の問題
(E) 地理・歴史・文化・宗教
(F) 数・自然・気象・動植物

(A) 体の仕組みと働き

注
「☆」は現在も通用するもの
「※」は古い時代のもの
（　）は前編のことわざ索引番号

(A1) 人・人間

☆人、酒を飲む、酒、酒を飲む（八〇三）
☆人と煙草のよしあしは煙となりて（八〇四）
☆人の噂も七十五日（八〇九）
☆人の口には戸は立てられぬ（八〇九）
※人の頼まぬ経を読む
☆人の振りみて我が振り直せ（八一八）
☆人の行方と水の流れ
※人は城、人は石垣、人は堀（七〇、八一九）
☆人は氏より育ち
☆人の善悪は友による
☆人はパンのみにて生くるにあらず（八二〇）
☆人は見かけによらぬもの
☆人を呪わば穴二つ
☆人をみたら泥棒と思え（五六、六八五）
☆人は悪かれ、我が善けれ（八二二）
☆人の心は九分十分（八一一）
☆人の短を言うなかれ（八一〇）
☆人の噂をするのは鴨の味（八〇二）
☆人の一寸、我が一尺（八〇八）
☆人に七癖（八〇六）
☆人と屏風は真っ直ぐには立たぬ（八〇五）
☆人屑と綿屑は使い道がある（八〇二）
※人多ければ天に勝つ（八〇一）
☆七度探して人を疑え
※虎は死して皮を残し、人は死して名を残す（三〇〇）
※天に口なし、人をして言わしむ
☆罪を憎んで人を憎まず
☆歳月人を待たず
※鬼も頼めば人喰わん（一二五）
☆馬には乗ってみよ、人には添うてみよ
※人間万事塞翁が馬（七一九）
※人間到る所青山あり（二九九）
☆芸術は長く人生は短し（三〇〇）
☆短い人生あくせく暮す（九三一）
☆蝋燭は身を殺して人を照らす

(A2) 身体・力

☆身より出た錆
☆身を捨ててこそ浮かぶ瀬もあれ（九四九）
☆悪銭身につかず（一四）
☆芸は身を助ける（三〇二）
☆体で覚える
☆体は病気の入れもの
☆健全な体に健全な精神が宿る（三一七）
☆臍下の丹田に力を入れる
☆力のあらわれ方
体力・知力・武力・軍事力・精力・暴力・想像力・精神力・注意力・団結力・生産力

(A3)頭

☆頭隠して尻隠さず（二四）
☆頭剃るより、心を剃れ（八九九）
☆頭寒足熱
☆我が頭の蝿を追え（八〇七）
☆頭禿げても浮気はやまぬ（二五）
☆頭動かねば尾が動かぬ（二三）
☆頭の黒い鼠（二四）
☆実る稲穂は頭を垂れる（九四七）
※鰯の頭も信心から（八四）
※嘘と坊主の頭はゆった（結った）ことはない
※神は正直者の頭に宿る
※孝経で親の頭を打つ（三二七）
※羊頭狗肉（二〇二三）
※竜頭蛇尾（二〇五五）

(A4)顔

☆顔で笑って心で泣く
☆顔がきく
☆顔に泥をぬる
☆顔は人の看板（二七二）
※仏の顔も二度、三度

(A5)口

※口八丁、手八丁（二八五）
☆口では大阪城も立つ（二八二）
☆口に蜜あり腹に剣あり（二八四）
☆口は禍のもと（二八六）
☆口と財布は締めるが得（二八三）
※口と褌（ふんどし）は堅くしめよ（二八三）
※君子は口を惜しみ、虎は爪を惜しむ（二八二）
☆壁に耳、徳利に口あり（二一一）
☆開いた口が塞がらぬ
☆良薬口に苦し（二〇五八）
☆死人に口なし（四二六）
☆人の口には戸は立てられぬ（八〇九）
☆目は口ほどに物をいい
☆病（禍）は口から入り（一〇〇七）
☆目の毒、気の毒、口の毒（害）

(A6)話す・言う・黙る

☆話し上手の聞き上手（七六八）
☆話半分、腹八分（七七一）
☆話名人、嘘の名人（七七二）
☆黙っておれば同意も同じ
☆沈黙は金
☆不言実行

(A7)冗談

☆冗談にも程がある（四六五）
※冗談から駒が出る
☆冗談半分
☆冗談は対話の潤滑剤（四六五）

(A8)骨

☆骨折り損のくたびれ儲け（九〇〇）

☆骨の髄まで
☆骨皮筋右ェ門
☆骨身惜しむな、無駄惜しめ（九〇〇）
※死馬の骨を買う
※肉を斬らせて骨を斬る（七〇〇）
☆敗れ障子で骨ばかり
※笠屋の小僧で骨を折って叱られる
☆女色は骨を削る小刀

(A9)腹

☆腹がへっては戦はできぬ
☆腹がはったら目の皮たるむ
☆腹八分目に医者いらず（七八四）
※腹は借りもの
☆腹の立つように蔵たたぬ（七八五）
☆嫁の腹から孫が出る
☆痛くない腹を探られる
※仏の顔も三度なでると腹が立つ
☆背に腹はかえられぬ
☆思うこと言わぬと、腹ふくれる
☆子持ちの腹には藁をこめ
※杓子で腹を切る
☆隣りが蔵をたてるとこちらは腹を立てる（六五三）
☆話半分、腹八分

(A10)耳

☆耳学問で口をきく
☆耳を貴び、目を賤しむ（九四八）
☆良薬は口に苦く、忠言耳に逆らう（一〇五八）
☆右の耳から左の耳へ
※馬の耳に念仏
☆壁に耳、徳利には口（二一一）
☆寝耳に水
☆杓子は耳掻きにはならぬ
☆諫言耳に逆らう（二二五）

(A11)聞く

☆聞くと見るとの大違い
※聞いて極楽、見て地獄（二三六）
☆聞くは一時の恥（二四〇）
☆一を聞いて十を知る
☆怖いもの、見たし、聞きたし（三六二）
※唯命（めい）、是聞く
☆名物は聞くに名高く、食うに味なし（九六七）
※盲に道を聞く
☆由来を聞けば有難い
※両方を聞きて下知（判決）にせよ
※朝に道を聞けば夕に死すとも可なり
☆百聞は一見に如かず

(A12)目

☆目と鼻の先
※目あき千人、めくら千人
※目から鼻へぬける
☆目から火が出る（鱗が落ちる）
☆目には青葉、山ほととぎす、初鰹
※目には目、歯には歯（九七〇）
☆目は口ほどに物をいい

☆目は見るに飽くことなく、耳は聞くに満ることなし（九七一）
※生き馬の目をぬく
※鬼の目にも涙
☆壁に耳あり障子に目あり（二一一）
☆腹の皮がたるめば目の皮たるむ
☆弱り目に祟り目（一〇四一）
☆傍目（おかめ）八目（はちもく）

(A13)見る

※見ざる聞かざる（九七一）
☆あの子生んだや、親見たい
☆一度見ぬ馬鹿、二度見る馬鹿
☆色眼鏡で見る
※江戸と背中は見て死にたい
※踊る阿呆に見る阿呆

(A14)舌

☆舌の乾かぬうちに反対のことをする
※三寸の舌に五尺の身を亡ぼす
※嘘をつくと閻魔が舌をぬく
☆二枚舌を使う
※歯亡び、舌存す

(A15)手

☆手も足も出ない
☆手八丁、口八丁
☆手にとるな、やはり野に置け蓮華草
※手ですることを足でする（六一四）
☆手品するにも種がいる（六一二）
☆煎り豆と小娘には手を出すな
☆石で手をつめる
※足で飯たき、手で金のばす
☆飼い犬に手を噛まれる
※藁で尻拭き、手で手鼻かむ
☆八方、手をつくす
※その手は桑名の焼きはまぐり
☆猫の手も借りたい（七三二）
☆焼餅焼くとも、手を焼くな
☆両手に花

(A16)足

☆足元から鳥がたつ
☆後足で砂をける
☆頭寒足熱
※千里の行（こう）も足下より始まる
※蛇足をつける
☆二の足をふむ（七一〇）

(A17)爪

☆爪に火を灯す
☆瓜に爪あり、爪に爪なし
※能ある鷹は爪かくす（七四一）
※君子は口を惜しみ、虎豹は爪を惜しむ

(A18)血

☆血で血を洗う
☆血は水よりも濃し（五八三）
☆血が騒ぐ
※大将の勲章は兵卒の血

※鳴いて血を吐くほととぎす（六七八）

(A19) 汗

※綸言（りんげん）、汗の如し
※五穀は民の汗
☆手に汗を握る
※汗牛充棟

(A20) 屁

☆屁と火事は元から騒ぐ
☆屁の河童
☆屁の三徳（三九）
☆風呂の中で屁をひる
※沈香も焚かず、屁もこかぬ
※百日の説法、屁一つ
☆夫婦は屁をも嗅ぎあう

(A21) 性・生・欲

☆性は生なり
☆性相近し、習い相遠し
☆性は道によって賢し
※性は善なり（性善）
☆性は生涯現役である
☆習い性となる（六七一）
☆欲に頂なし（一〇二四）
☆欲ばって糞たれる（一〇二五）
☆欲も知らねば身がたたぬ（一〇二六）

(A22) 男・夫

☆男は度胸、女は愛嬌（二三二）
☆男心と秋の空（二三二）
※男やもめに蛆がわき（二三三）
☆男の目には糸をはれ
※男の早飯早糞早走り（二三三）
☆男は天下を動かす（二七六）
※一押、二金、三男
※据膳食わぬ男なし
※大男の見掛け倒し（二二二）
☆遠くて近きは男女の仲（二六五）
※夫の心と川の瀬は一夜で変わる
※嬲（なぶ）るは嫐（うわなり）の反対

(A23) 女

☆女は愛嬌で人を殺す（二三二）
☆女心と秋の空（二三二）
☆女三人よれば姦（かしま）し（一五九）
※女は氏なくして玉の輿（九〇）
☆女やもめに花が咲く（七六四）
※女三界に家なし（一五八）
☆女の目には鈴をはり
☆女は弱しされど母は強し（二六〇）
※女に大事は任されぬ（七九一）
※女の賢いのと東の空の明るいは当てにならぬ（二六二）
※女賢うして牛売り損なう（二五七）
☆女、道によって賢し（二六二）
☆女の力で岩戸を開ける（二六〇）
※女の知恵は後に回わる（二五七）
※朝雨と女の腕まくり（二五八）
☆男は度胸、女は愛嬌

☆犯罪の陰に女あり（七九一）
※弱きもの、汝の名は女（一〇三九）
※美女は悪女の敵（二九二）
※旅に女と犬は連れて行くな（二二〇）

(A24) 色

☆色気より食気（くいけ）（八二）
☆色の白いのは七難かくす
☆色事は思案の外
☆色をも香をも知る人ぞ知る（二四五）
※色まちは眺めて極楽住んで地獄（八三）
※難産、色にこりず（六九四）
※英雄、色を好む
☆ぼけたらあかん、さあ色話し
☆とかく浮世は色と金

(A25) 命・健康

※命より名を惜しむ
※命長ければ恥多し（八〇）
※命あっての物種、畑あっての芋種
※命長ければ運が向く（八〇）
☆後生大事や金欲しや死んでも命のあるように
☆飽食暖衣で命短し
☆病と命は別物
☆長い浮世に短い命（六六九）
☆長命はよく動き、よく食べよく休む
☆健康には、食事・運動・休養
☆健康長寿が望まれる

(A26) 老・年寄

☆老少不定（七一九）
☆老人の腕まくり（一〇七〇）
※老人の馬鹿ほど馬鹿はない（一〇六九）
☆老人の死にたいという嘘（九五）
☆老人と釘は引っ込むがよい（九四七）
☆老馬の知（一〇七〇）
※老兵は死せず（マック・アーサー）
☆老女の化粧、冬の月（一四〇）
☆老いては子に従え（二二〇）
☆老いてますます元気（九五二）
☆年寄の元気は春の雪（一〇一〇）
☆年寄のやる気、根気、元気（一〇一三）
☆年寄の冷水（一〇四四）
☆年寄の取り越し苦労（二二二）
☆年寄、猥談（わいだん）に花を咲かし
☆生まれながらにして長老なし（一〇三）
☆葡萄酒は老人のミルク
☆良き分別は老人に問え
※養老の水で老人も若返る

(A27) 病

☆病（やまい）、膏肓（こうこう）に入る（一〇〇二）
☆病治りて薬忘れる
☆病は気から
☆病上手に死上手（死下手）（一〇〇二）
☆病は口から入り、禍は口から出る（一〇〇七）
☆病気になって健康の有難さを知る（一三九）
☆病んで医を知る（一〇一一）

☆病半ばにして快気祝（二〇六）
※お医者様でも草津の湯でも、惚れた病に薬なし
☆恋の病に薬なし
☆薬から病がおこる（薬原病）
※主と病には勝てぬ
☆早寝早起、病知らず
☆貧は病より苦
☆人の病を気にしない（八一六）
☆風邪は万病の基（二八八）

(A28)死・墓・ミイラ

※死に馬に屁
☆死人に口なし（四二六）
※死せる孔明、生ける仲達を走らす（四一七）
☆死ぬ死ぬといった年寄、死んだためしがない
☆死んだ子の年を数える
☆死んで花実が咲くものか
☆死ねば死に損（四二七）
※死にまさる生辱め（四二九）
※死は泰山よりも重く、鴻毛よりも軽し（四二九）
☆死はすべてのものを平等にする（死により肉体消滅）
※死なぬ子なら三人でよい（四一三）
☆死に別れより生別れの辛さ（四二四）
※死人がものを言う（四二六）
※死にたい、麦飯食いたいという大嘘（四二五）
☆死灰また燃ゆ（四〇二）
※死屍（死者）に鞭打つ（四一三）
☆死の商人（八〇四）
※死馬の骨を買う
☆十死に一生
☆虎は死して皮を残し、人は死して名を残す
※馬鹿は死ななきゃ直らない
※老兵は死せず
※人将に死なんとするやその罪業に苦しむ（八二四）
※鳥、将に死なんとするや、その鳴くや哀し
☆安楽に死す（一〇一三）
☆盃中（バッカス）にて溺死する者、海中で死するもの（ネプチューン）より多し（一六八）
※揺籠（ゆりかご）から墓場まで
※ミイラとりがミイラになる

(B) 衣食住と身心の動き

(B1) 食

☆食なき者は職を選ばず
☆食指が動く（四二七）
☆命（めい）は食にあり（食は命）
☆飢えたる者は食を選ばず
☆弱肉強食の世
☆生あれば食あり
※下輩のものは食を急ぐ（三〇八）
※衣食足りて礼節を知る

(B2) 飯

☆飯を炊く、赤子泣くとも蓋（ふた）とるな
※飯食ってすぐ寝ると牛になる（七六一）
※世の中はいつも月夜に米の飯
☆一合雑炊、二合粥、三合飯、四合団子
☆我が家の米飯より、隣の麦飯（一〇七四）
※思し召しより米の飯（一四三）
※鍛冶屋は足で飯炊き、手で金延ばす
☆女房と米の飯は飽かぬ（九八〇）

(B3) 餅

※餅は乞食に焼かせ（九七八）
☆餅のことは餅屋（九七九）
☆一升の餅に五合の粉
☆絵に画いた餅（一一四）
※栄耀（えいよう）に餅の皮むく
☆搗いた餅より心持ち（二七四）

(B4) 酒・下戸

☆酒は憂を掃う玉すだれ
☆酒は百薬の長（三八一）
※酒と朝寝は貧乏の近道（三七九）
☆酒の酌は九分がよい（三八〇）
☆酒は諸悪の基（三八一）
☆酒は先に友となり、後に敵となる（三八二）
☆新しい酒は新しい皮袋に
※とかく浮世は色と酒
※友と酒は古いほどよい
☆人、酒を飲む、酒、酒を飲む（四四五）
☆冷酒と親の意見は後できく（一四八）
※下戸ならぬ、男はよけれ
※下戸の建てた蔵はない（西鶴）
☆只の酒は飲むな

(B5) 薬

※薬九層倍（二八〇）
☆薬より養生（二八一）
☆薬、人を殺さず、医者人を殺す（二七九）
☆薬は毒ほど効かない（三八一）
☆一に看病、二に薬
☆毒にも薬にもならぬ
☆苦言は薬（三二五）
☆良薬は口に苦（にが）し（一〇五八）
☆鑢（やすり）と薬の飲み違い（九九五）
☆惚れた病に薬なし
☆病治りて薬忘れる

(B6)飲む

※言えば言い得（どく）、飲めば飲み得
☆一杯は人酒を飲む、二杯は酒酒を飲む、三杯は酒人を飲む
☆餓えて死ぬは一人、飲んで死ぬは千人
☆渇しても盗泉の水は飲まず
☆酒は飲むとも飲まれるな
☆清濁あわせ飲む
☆蛇が蛙を飲んだよう
※養老の酒を飲み、若返る

(B7)毒

☆毒を食わば皿まで（九八六）
☆毒にも薬にもならぬ
※毒をもって毒を制す
☆見るに目の毒
☆毒は薬となり薬は毒となる

(B8)生きる・働く

※生きんがために食え、されど食わんがために生きるなかれ
☆生きた犬は死んだライオンに勝る
☆生きての恨み、死んでの嘆き
☆生別れは死に別れより悲しい
☆生き身はやがて死に身
☆生かせ、いのち（高野山）
※起きて働く果報者（幸せ）
※働けば凍る暇なし水車（貧乏暇なし）
※働くは我が為、人の為
※働く者に幸せあれ

(B9)走る

☆悪に走るならず者
☆よく走るものはよく躓（つまず）く
☆我が事と下り坂には走らぬものはない

(B10)転ぶ・慌てる

☆転ばぬ先の杖（三六〇）
☆転がる石には苔つかず（三五九）
☆転んでもただでは起きぬ
☆十七、八は箸が転んでも笑う
☆七転び八起き（七転八起）
☆慌てるな、ゆっくり急げ
☆慌てる蟹は、穴には入れない

(B11)怪我・過ち

※怪我と弁当は自分持ち
☆怪我の功名（三〇二）
☆生兵法は大怪我の基（三〇三）
☆酔いどれ怪我せず
☆油断は怪我の元
☆過ちは人である
※過ちを改めないことを過ちという

(B12)笑う

☆笑う家（門）に福来る（一〇八二）
☆笑って暮らすも一生、泣いて暮らすも一生

※笑って損する箔屋の娘（一〇八二）
☆明日のことを言うと鬼が笑う
☆一に褒められ、二に謗（そし）られ、
三に笑われ、四に風邪をひく
☆一銭を笑うものは一銭に泣く
※鼻糞が目糞を笑う
☆最後に笑うものがよく笑う（一二五九）
☆笑は、人を喜ばせ、自分も喜ぶ

(B13)寝る

☆寝た子を起こすな
☆寝れば子も楽、親も楽（七三七）
☆寝る子は育つ
※寝るは極楽、仕事は地獄（七三六）
☆寝床は考えどころ（八八一）
☆寝て死んでいく老後（一二四）
☆梅は食うとも核（さね）食うな、中
に天神寝てござる
※果報は寝て待て
☆起きて半畳、寝て一畳
☆早寝早起病知らず（七八四）
※寝床で今日の感謝と明日への希望

(B14)住む

※住めば都（田舎）
※鬼が住むか、蛇（じゃ）が住むか
※寺の隣りに鬼が住む
☆水清ければ魚住まず
☆人は情けの下に住む
※見れば極楽、住んでは地獄

(B15)家・門

※門に入らば、額（がく）を見よ
※門に入らば笠をぬげ
☆門前市をなす（九八八）
☆門を開きて盗人に愛想（九九〇）
☆門前の小僧、習わぬ経を読む（九八九）
※犬は門を守り、武士は国を守る
☆口は禍の門
☆好事（こうず）門を出ず
※尊い寺は門から
☆狭き門より入れ（一〇三二）

(B16)壁

☆壁に耳あり、障子に目あり（一一二）
☆壁の中の書
☆一壁、二畳、三障子（防寒の心得）
※嘆きの壁（エルサレム）
☆鼠はかじった壁を忘れるが、壁は鼠
を忘れない

(B17)物

☆物事には、すべて潮時（しおどき）
がある
☆物言えば唇寒し（九八四）
※物種は盗めるが人種は盗めぬ（九八五）
☆石の地蔵で物言わぬ
☆二度聞いて一度物言え
☆下手な物好き
☆畑あっての物種

☆年寄りの物忘れ、若者の無分別

(B18)道具

※道具と女房はありあわせ（八八二）

☆名工は道具を選ばず（九六三）

(B19)縄

※縄切れの余りと女の余りはない

※禍福はあざなえる縄の如し

※泥棒をとらえて縄をなう

☆一生は糾（あざな）える縄の如し

※一筋縄ではいかぬ男

(B20)杖

☆杖にすがるとも、人にすがるな

☆転ばぬ先の杖

※盲目の杖を失う如し

(B21)船

☆船に乗れば船頭まかせ（八七一）

☆船は帆でもつ、帆は船でもつ

☆船は船持ち、田は田持ちがよい

※入る船あれば、出る船あり

※剣を落として、船を刻む

※船頭多くして船山へ登る

☆乗り出した船

☆船形三里帆形七里（八七〇）

(B22)心

※心の鬼が身を攻める（三四五）

※心を鬼にする（三四五）

※心だに誠の道にかないなば祈らずとても神や守らん

☆心に針、顔に険、目に角、話に鉄砲、挨拶に薙刀で付き合う

☆心内にあれば、色（いろ）外にあらわる

※頭剃るより心を剃れ

※凡夫、仏の心を知らず

※平常心、是れ道（どう）

☆魚心あれば水心

☆親の心、子知らず

☆以心（いしん）伝心で教える（五四）

☆ぼろは着てても心は錦

☆秋の風と女心はよく変わる

☆家は狭かれ、心は広かれ

☆親思う心に勝る親心

☆人の心は九分十分（よく似ている）（八一一）

(B23)精神

※精神一到、何事かならざらん

☆健全なる精神は健全なる身体に宿る（三一七）

(B24)気・元気

☆気は心（二五二）

☆気が弱る

☆気がきいて間が抜ける（二三七、二五二）

☆病は気から

※後で気のつく癲癇（てんかん）もち

☆せがれの嫁と鰹節とは気にかかる（二三七）
※気のあう人千人、気のあわぬ人万人
☆頭禿げても浮気はやまぬ（二五）
☆短気は損気（九二）
☆元気（気力）の出し違いエロとテロ

(B25) 楽しむ・幸せ

☆楽しみあらんよりは苦しみなかれ
※楽しみ極まりて哀情多し
☆楽しんで淫（いん）せず
※楽は苦の種、苦は楽の種（二〇四五）
☆成らぬうちが楽しみ
☆仁者は山を楽しむ
※人の不幸が我が不幸
※幸は家内そろって三度食う飯
※不幸が幸（しあわ）せ
☆楽は苦の種、苦は楽の種

(B26) 苦しみ

※苦しい時の神頼み（二九〇）
※苦しみを抜け出すための神詣で（二九一）
☆苦労するがの富士の山
☆四百四病の苦しみより貧の苦しみ
☆金持苦労多し
☆若い時の苦労は買うてでもせよ

(B27) 悲しみ・憂い・怖い

※悲しい時の神頼み
☆悲しみの一時は楽しみの一日より長し
☆憎い、悲しい、嬉しいの三激情
☆皆んなで渡れば怖くない
☆備えあれば憂なし

(B28) 泣く・鳴く

※鳴くまで待とう時鳥（六七八）
※泣く子と地頭には勝てぬ（六七五）
☆泣く泣くもよい方をとる形見分け（六七七）
☆泣いてくらすも一生、笑ってくらすも一生
☆泣く子には乳
☆閑古鳥（かんこどり）が鳴く
☆雉も鳴かずば撃たれまい
☆子がなくて、泣くは芋堀ばかりなり
☆子供は泣くのが商売
☆後家と鶏は死ぬまで泣く
☆我が家で鳴かぬ犬はなし
☆雌鳥が鳴くと凶事
☆時鳥（ほととぎす）は鳴いて血をはく
☆哀号（あいごう）と声をたてて泣く朝鮮の人

(B29) 憎む・妬む・呪う・怒る・いじめる・殺す

☆憎いのは、刺して逃げた蚊と蚤
※憎い嫁から可愛い孫
☆親が憎ければ子まで憎い
※坊主憎ければ、袈裟まで憎い
☆可愛さ余って憎さ百倍（二二一）

☆罪を憎んで人を憎まず
☆娘でも嫁と名がつくと憎くなる
☆妬(ねた)みの残酷なること墓の如し（八一五）
☆人を呪えば穴二つ（八一二）
☆強きを助け、弱きをいじめる悪政
☆殺さなければ殺される
☆怒を敵と思え

(B30) 忘れる

☆雪と欲とは積もるほど道を忘れる
☆暑さすぐれば木陰忘れる
☆雨晴れて傘忘れる
☆犬は三日飼えば恩を忘れず
☆夫あれば親を忘れる
☆貸した方は忘れないが、借りた方は忘れる
☆小事にかかわりて大事を忘れる
☆初心忘るべからず
※治にいて、乱を忘れず
☆富めども貧を忘れず
☆早く覚えるものは早く忘れる
※災害は忘れたころにやってくる

(B31) 惚れる・褒める

※お医者様でも草津の湯でも、惚（ほ）れた病は治りゃせぬ
☆女房に惚れて一家繁盛
※惚れて通えば千里も一里（九〇四）
☆湯上り娘には親でも惚れる
☆褒め手千人、悪口万人

(B32) 遊ぶ・道楽

☆よく学び、よく遊べ
☆釜の中に遊ぶ魚
☆勉強ばかりして遊ばない子は愚鈍
☆遊ぶために遊ぶ、仕事をするために遊ぶ
☆遊んで食えば山も尽きる（二二）
※四十過ぎて、道楽はやまない

(B33) 祭る

☆後悔しても後の祭り
☆呼ばぬのに来るのが祭の客

(B34) 旅・遍路

☆旅の恥はかき捨て（五六六）
☆旅は憂きもの、つらいもの（五六七）
☆旅は道づれ、世は情け（五六八）
※可愛い子には旅をさせ
※門松は冥土の旅の一里塚
※三里の灸をすえての旅立ち
☆人生は旅である
☆死出の旅路
☆若い時旅をしなければ年寄ってからの物語がない
※四国遍路に禁欲の旅

(C) 家族・社会・人間関係

(C1)家・家族

※家貧にして孝子出づ（四二）
※家柄より芋柄（金柄）（一三〇）
☆家に女房なきは火のなき炉の如し
☆家に鼠、国に盗人（四三）
☆家の戸は立てられるが、人の口は立てられない（四二）
※家は一代、名は末代
☆家は狭かれ、心は広かれ
☆家の乱れは女から
※家貧（ひん）にして孝子あらわれ、家豊かにして放蕩息子出る（四二）
※女三界に家なし
☆笑う家に福来る
☆男は家を作り女は家庭をつくる
※三代養子がつづくと家は栄える
※積善の家には余慶あり
※男子家を出れば七人の敵あり（四一）
☆年寄りは家の宝
☆庭の木が家より高くなると貧乏する
※嫁は家のもの、娘は他人のもの
※我が家の仏尊し
☆太陽の入らぬ家には医者入る
※落ちぶれても家柄（一三〇）

(C2)親

☆親が死んでも子孫が残る
☆親が死んでも昼休み
☆親は苦労する子は楽をする（一五二）
☆親の意見と冷酒はあとからきく（一四八）
※親の因果が子に報ゆ
※親の恩と水の恩は忘れるな
☆親の欲目と他人のひがめ（一五〇）
☆親の心、子知らず（一五〇）
☆親の七光り
※親の物は子の物
※親はなくても子は育つ（一五四）
☆親子の中でも金銭は他人
※親より先に死ぬ者は不孝者
※親馬鹿、子馬鹿（一五三）
☆親孝行と火の用心は灰にならぬ前（一四七）
※親方日の丸（一四六）
☆親方と女房は変えるほど悪くなる（一四六）
※親に似ぬ子は鬼子（一四九）
☆親の恥は子の恥（一五一）
☆親子は一世夫婦は二世（八五七）
☆親も親なら子も子なり（三四一）
☆遠き親より近くの他人
☆立てば這え、這えば歩めの親心（七四九）
※地震、雷、火事、親父
※産みの親より育ての親（一〇六）
☆子供の喧嘩に親が出る
☆子の心、親知らず（一五〇）
☆子を見ること親にしかず
☆子をもって知る親の恩
※立っているものは親でも使え
☆いつまでもあると思うな親と金（七四）

(C3)子・孫・婆

☆子の心親知らず
※子は鎹（かすがい）
※子は三界の首枷（かせ）
☆子をもって知る親の恩
☆子を知ること、親に如かず
※子が子にならぬ時鳥（ほととぎす）（三四一）
☆子ゆえに親は苦労する（三四〇）
※子がなくて泣くは小芋掘り（三四〇）
☆子が思う心にまさる親心（三三九）
☆子より孫が可愛い（七七七）
☆老いては子に従え
☆負うた子に教えられ浅瀬を渡る（二一一）
☆親は苦労する、子は楽をする
※親の因果が子に報ゆ
☆親の心、子知らず（二五〇）
☆親はなくても子は育つ（二五四）
☆蛙の子は蛙
☆可愛い子には旅をさせ（二二〇）
※死んだ子の年を数える
※捨てる子も軒の下（一五四）
☆親に甘える道楽息子（七四）
※足らず余らず子三人
※泣く子と地頭には勝てない（六七五）
☆寝た子を起こす
☆孫は子より可愛い
☆元も子も失う
※律義者の子沢山（一〇五二）
☆婆（ばば）育ち三文安い

(C4)父

※父の恩は山よりも高く、母の徳は海よりも深し（七七六）
※父は天、母は地
☆経験は知恵の父、記憶は知恵の母
※物言わぬ父は長柄（ながら）の人柱

(C5)母

☆母も母なら、娘も娘
※母の恩は海よりも深し（七七六）
☆失敗は成功の母
☆必要は発明の母
☆娘を見るより母を見よ
※朝の風は父の風、夕べの風は母の風
※女は弱し、されど母は強し
☆勤勉は成功の母
☆瞼の母を思い出す

(C6)夫婦

☆夫婦は合わせもの（二四七、八五六）
☆夫婦も元は他人
☆夫婦は一心同体（一九〇）
☆蚕の夫婦
※子は一世、夫婦は二世（八五七）
※便所の神様と井戸の神様は夫婦
☆似たもの夫婦（七〇六）
※夫婦喧嘩は犬もくわん（七〇二）
☆夫婦喧嘩は夜治まる
☆夫婦喧嘩もないから起る（八五五）

(C7)妻

※妻に三不去（妻を追出してはいけない）

※悪妻は六十年の不作（一三）

※牛に話したことは漏れないが、妻に話したことは漏れる

※夫唱え、妻従う

※糟糠の妻

☆目（顔）より耳（口）で、妻を選べ

(C8)女房

※女房と味噌は古いものほどよい

※女房は台所（灰小屋）から（七一七）

☆女房は変えるほど悪くなる（二四六）

☆女房は顔、床、手

☆女房と茄子は若いほどよい（七一六）

※女房貸すとも擂木（すりこぎ）貸すな（七一三）

※女房、鉄砲、仏法で世治まる（七一四）

☆女房と畳は新しいのがよい（七一五）

☆家は夏向き、女房は世帯向き

☆縞と女房は好き好き（九〇）

※大根と女房は盗まれるほどよい

※道具と女房はありあわせ（八八二）

☆夏女房（薄着）に、冬男（厚着）

※山寺に稚児、里には女房、宿には宿殿

☆持つべきは姉女房（一三）

☆逃げた女房に未練はない（六九八）

(C9)娘

☆娘一人に婿八人

☆娘を見るより母を見よ

☆娘十八、番茶も出花（二四二）

※娘三人で家傾く（九五八）

☆春の日と一人娘はくれぬ（八二五）

※高野聖（ひじり）に宿貸すな、娘とられて恥かくな

☆十五六娘は箸の倒れたのもおかしがる

☆盗人の番はできるが、娘の番はできない

※嫁の朝立ち、娘の夕立ち

☆小娘に油断するな（一六五）

(C10)嫁・婿

※嫁が姑になる（一〇三三）

☆嫁と猫は近所からもらうな（一〇三四）

※嫁と鋏はこじぬと切れぬ（七五七）

☆嫁は家のもの、娘は他人のもの（一〇三五）

※秋茄子は嫁に食わすな（一一）

☆牛が死んだ、嫁をもらう（八九）

※婿養子三代つづけば家栄える

※狐の嫁入り（二四九）

(C11)姑

☆姑の十七、見た者はない

☆姑が憎けりゃ、夫まで憎い

☆姑の仇を嫁が討ち

※麦と姑（嫁）は踏むほどよい

☆嫁が姑になる（一〇三三）

☆嫁と姑は犬と猿

※小姑一人は鬼千人（三四七）

(C12)世の中

※世は塞翁が馬
☆世に盗人の種はつきまじ
☆世が世なれば
※世の三宝（女房、鉄砲、仏法）（一〇三〇）
※世は七上がり、七下り
☆世は広いようで狭い（一〇三一）
※世の中は仏千人、神千人（一〇三一）
※世渡り殺生、釈迦も許す（一〇四〇）
※五濁（じょく）の世（却・見・煩・悩・衆生・寿命・濁）（もてはやされるうち）
☆歌は世につれ、世は歌につれ
☆旅は道ずれ世は情け
☆憎まれっ子、世にはばかる（一〇三〇）
※人の情けは世のあるうち
☆有為転変は世の常
☆人の世の七転び（八一七）
☆曲らねば世は渡れぬ（九一〇）
※浮世に鬼はいない（六六九）
☆世の中、みんなで溺れれば怖くない
☆後生（校正）畏るべし

(C13)自分・自由

※自慢の糞は犬も喰わん（四三三）
☆自分のものより人のものがよい
☆自分に一番近いのは自分
☆自分の糞は臭くない
☆自業自得で報（むくい）をうける
※自慢、高慢、馬鹿のうち（二二八、四三二）
☆自慢、高慢、衆を圧す（四三三）
☆自慢は芸の行き止まり（三〇一）
※人の十難より我が一難
※自由・平等・博愛はフランス革命のスローガン
※板垣死すとも、自由は死せず

(C14)他人

☆他人の疝気を気にやむ
※他人の念仏で極楽ゆき（五六四）
☆他人の迷惑になることは行わない
☆親子の中でも銭は他人
☆兄弟は他人の始まり（二六五）
☆遠くの親類より近くの他人
※他山の石とすべし（自己を磨く）
※今日は人の身、明日は我が身

(C15)友

☆友は金で買えない（二〇三、一〇一四）
☆順境は友を作り、逆境は友を試す（八七五）
☆昨日の敵は今日の友（二五〇、八九三）
☆金を貸せば友を失う（二〇八）
☆益者三友、損者三人

(C16)我・己

☆我田に水を引く（一〇七六）
☆我が家の米飯より隣りの麦飯（一〇七四）

☆我が身つねって人の痛さを知れ（八二二）
☆我が身の臭さ、我知らず（一〇七七）
☆我が身のことは人に聞け
☆我がものと思えば軽し笠の雪（一〇七七）
※我思う故に我あり（デカルト）
☆盗人を捕らえてみれば我が子
☆明日は我が身
☆彼も人なり、我も人なり
※千万人と雖も我行かん（二四二）
☆人は人、我は我
☆人は悪かれ、我善かれ
※彼を知り、己を知れば百戦危うからず（二一九）
※我が亡きあとに洪水よ来れ

(C17)味方

☆味方に敵あり（六〇九、九二五）
☆味方千人、敵千人（九二四）
☆敵に味方あり（六〇九、九二五）
☆下手な味方はない方がまし

(C18)敵

☆敵の助言も善は善（一一三）
☆敵を知り己を知る（一〇〇）
※敵は本能寺にあり（六一〇）
☆敵もさる者
※汝の敵を愛せよ（四五）
※家を出れば七人の敵あり（四一）
☆昨日の敵は今日の友（二五〇）

(C19)善

☆善は急げ
※善を責むる（すすめる）は朋友の道なり
☆善悪は金によって起る（五二二）
☆善悪は友による（五二二）
☆悪に強ければ善にも強い
※牛にひかれて善光寺参り
※人の性は善である（八二二）
※人は尭舜にあらず、何ぞ事々に善をつくさん（五三二）

(C20)悪

※悪の報いは善の報いより速やかなり
☆悪の裏は善
☆悪は延ばせ、善は急げ
☆悪に強きものは善にも強し
※悪妻は不治の病（二三）
☆悪銭身につかず（二四）
※愛してもその悪を知り、憎みてもその善を知る
☆金はすべて悪の根源
☆富貴は悪を隠す
※小人閑居して悪（不善）をなす

(C21)礼

※礼儀は下から、慈愛は上から
※親しき仲にも礼儀あり
※衣食足りて礼節を知る（五三、八二〇）
※三顧の礼

※鳩に三技の礼あり、烏に反哺の孝あり
※非礼の礼（無礼）
☆礼もすぎたるは無礼
※盗人にも礼儀あり（五三）

(C22)正直

☆正直の頭に神宿る（四六一）
☆正直者が馬鹿を見る（四六〇）
※正直は阿呆の別名（四六二）
☆正直は一生の宝（四六二）
☆正直は最もすぐれた商法（四六一）
☆三度目の正直（七〇八）
☆商は正直が第一
※神は正直
※阿呆正直、横着栄耀（四六〇）
※馬鹿正直も馬鹿のうち

(C23)艱難・堪忍・苦労

※艱難、汝を玉にす（二三二）
☆艱難にあって親友を知る
※堪忍五両、思案十両（二三二）
☆ならぬ堪忍、するが堪忍（六九一）
※苦労するが（駿河）の富士の山
☆継続は苦なり、力なり

(C24)名

☆名のない星は宵から
☆名をとるより得をとれ
☆名を捨てて実をとる（八六四）
※名は末代、人は一代
☆名誉を失うは目を失うに同じ
☆名物に旨いものなし（九六七）
☆名人は人をそしらず（九六五）
☆名所、名物一度は見たい（九六四）
※名工は道具を選ばず（九六三）
※虎は死して皮を残し、人は死して名を残す
※江戸の名物、火事、喧嘩、犬の糞
※上州名物、嬶天下と空っ風

(C25)罪

※罪なくして、配所の月をみる
※君子は罪を憎んで人を憎まず（六〇二、九九六）
※懺悔によって罪を滅す
※犯罪の陰に女あり
☆己が罪、己を責む
☆山賊の罪を海賊があげる

(C26)恥

☆恥の上塗り（七五九）
☆恥を言わねば理が通らぬ（一五一、七五九）
☆恥と頭は、かき次第（七六三）
☆恥を知る（七六三）
※命長ければ恥多し（八〇）
※会稽（かいけい）の恥をすすぐ
☆聞くは一時の恥
※据膳食わぬは男の恥
※旅の恥はかき捨て
☆親の恥は子の恥（一五一）

(C27)盗・泥棒

☆盗人猛々し（七二五）
☆盗人にも三分の理（一二三、七二五）
☆盗人に追銭（七二四）
☆盗人を捕らえてみれば我が子なり（七二七）
☆盗人に鍵を預ける
☆盗人の昼寝にも当てがある（七二六）
☆盗人の逆（さか）恨み（七二六）
☆盗人開きなおる（七二四）
☆盗人にも礼儀あり（五三）
※盗みをせぬは神ばかり（一九三）
☆盗まれる者には油断がある（七二八）
☆盗は貧から
☆物種は盗めるが人種は盗めぬ
☆耳を掩いて鐘を盗む
☆家に鼠、国に盗人
☆嘘は盗人の始まり
※尾張盗人、美濃強盗
※近江泥棒、伊勢乞食（一二三）
☆人を見たら泥棒と思え（五六、六五八）
☆人目を盗む
☆泥棒をみて縄をなう（一〇四）
※渇すれど盗泉の水は飲まず（一九三）

(C28)嘘・噂

☆嘘から出た真（まこと）
☆嘘も方便（九六）
☆嘘つきは盗人のはじまり（九五）
☆嘘も追従も世渡り（九一〇）
☆嘘と牡丹餅つくでない（九七）
※嘘を言えば舌を抜かれる（九七）
☆嘘で固める（九七）
☆譬に嘘なし
☆法螺吹きの大嘘（九六）
☆人の噂（うわさ）も七十五日

(C29)喧嘩

☆喧嘩過ぎての棒
☆喧嘩両成敗（三一三）
☆後の喧嘩を先にする。
※火事と喧嘩は江戸の華（一〇七）
☆子供の喧嘩に親出るな
☆相手のない喧嘩はできぬ（四）
☆夫婦喧嘩もないからおこる（八五五）

(C30)情

☆情が仇（一四三、六八〇）
※情を知るは真の武士（八二一）
☆情は人のためならず（六八一）
☆人の情は威勢のよい時（八一四）
☆人は情の下でたつ（八一九）
☆人の情は我が身の害（八一四）
☆人に情あり（八二一）
☆お情けよりも樽の酒（六八一）

(C31)愛

☆愛多ければ憎しみ多し（二）
☆愛想尽かしも金からおこる（三）
☆愛は心を久しくすることでなりたつ
☆愛を哀に終わらせぬための日々の努力

☆勝負は時の運による

※旅にやんで夢は枯野を駆け回る（芭蕉）

☆夢は五臓の疲れ

☆春を待つ、彼（彼女）を待つ、待ち心

☆待つ時、うきうき、待たされる時、ぶつぶつ

※日月（時）は、人を待たず

☆待てば海路の日和あり

(C35)和・平和

※和を以って貴となす（一〇八四）

☆和して同ぜず（一〇八四）

※天の時は地の利に如かず、地の利は人の和に如かず

☆平和運動は戦争を否定し、国際紛争の平和的解決を目指す

☆平和の実現を目指す日本国憲法

☆妻に愛がなくとも、嫌われるな

(C32)福・福祉

※福は内、鬼は外

☆残り物に福あり（七四一）

☆笑う門（かど）には福が来る（一〇八一）

※朝蜘蛛は、福が来る

☆禍を転じて福となす（二八六）

☆福祉国家は、完全雇用・社会保障・最低生活の保障を目指す

(C33)好事

※好事（こうず）、魔多し（三三一）

☆好事門を出でず（三三一）

(C34)運・夢・待つ

※運は天に任す（二一〇）

☆運は寝て待て（二一一）

☆運を開く（二一〇）

※運を待つは死を待つに等し（二一一）

(D) 文化・職業・仕事・貧富

(D1) 学・学者

※学者のとった天下なし（二七六）
※学もし成らずんば死すとも帰らじ
☆学者と大木は俄かに出来ぬ（二七五）
※学者と役者は貧乏（二七八）
☆学者は国の宝（二七九）
☆学者の三根（二七七）
☆学者二代つづかず（二八二）
☆学者は誤りがあれば正す（二八〇）
※学者は、「をとお」に気をつかう（二七七）
☆学者にもノーベル賞（二七八）
☆学者のむしゃくしゃ（二七九）
※学問に王道なし（二八一）
※少年老い易く学なり難し（クラーク）
※古の学者は己のためにし今の学者は人の為にする
☆無学の高慢は学者の高慢よりも高慢（二八〇）
※田舎の学問より京の昼寝
☆字引学問、耳学問
☆学びて思わざれば罔（くら）し（九一七）

(D2) 先生・師・教える

※先生と呼ばれるほどの馬鹿でなし（五二五）
☆先生、この字はナニヌネノ、知らなきゃ頭をカキクケコ（五二五）
☆弟子は師の半分（七）
☆五つ教えて三つ褒め（七三）
☆教えるは学ぶの半分（二二六）
☆弟子をみること師にしかず（二六九）

(D3) 理・科学

☆理屈と膏薬はどこにもつく（二〇五〇）
※理は万民の喜び、非は万民の嘆き（二〇五一）
☆理詰めより重箱詰め（二〇五一）
☆理屈を言えば腹がたつ（二〇五〇）
※理を破る法あれど、法を破る理なし
☆盗人にも三分の理
☆恥を言わねば理が通らぬ（七五九）
☆自明の理
※非理法権天（楠木正成）
※理に負けて非に勝つ（二〇五三）
☆科学は現象（偶然性）の中に本質（必然性）を見い出す

(D4) 本・ペン

※本貸す馬鹿、戻す馬鹿
☆本を買う人、借りる人（二一四）
※ペンは剣より強し（八八七）
☆ペンを折る

(D5) 美・芸

☆芸は道によって賢し
☆芸は身を助ける（三〇二）
※芸にこりて家をつぶす（三〇一）

☆多芸は無芸（三〇一）
☆百芸は一芸にしかず
☆芸術は長く人生は短し（三〇〇）
※一見栄（みえ）、二男前、三金、四芸、五声、六おぼこ、七台詞、八力、九胆、十評判（男の力量）
☆自慢は芸の行き止まり
※早飯も芸のうち
※医者、役者、芸者は人気商売
※三味線張るのは猫の皮、芸者の言うのは嘘の皮
※豆腐の堅いのと芸者の堅いのは売行きは悪い
☆憂愁の美を飾る
☆美人というのも皮一重
☆美人薄命
☆芸術は長く、人生は短し（三〇〇）
※芸は身を助ける
☆趣味と実益を目指す芸術家の夢

(D6)賢

☆賢の子、賢ならず
※賢い子は早く死ぬ
※賢は愚にかえる
☆賢すぎて身を滅ぼす（八二八）
※賢者は中道をとる（釈迦）（八一一）
※賢者は惑わず、勇者は懼れず（三一五）
☆賢者は誤りを正すが、愚者は誤りを直さず（三一六）
※大賢は大愚の如し（三一六）
※聖は賢を願い、賢は聖を願い、士は賢を願う
☆道によって賢し

(D7)愚

※愚公、山を移す（二七五）
☆分別過ぎれば愚（八七六）
※愚者にも一徳（二九五）
※貪瞋痴（貪り・怒り・愚かの三毒）
※愚者の百行より賢者の居眠り（二七七）

(D8)知・知恵

☆大男総身に知恵が回りかね（七一、一一二）
☆知恵と力は重荷にならぬ（五七八）
☆知恵者一人に馬鹿千人
※三人よれば文殊の知恵
☆経験は知恵の父、記憶は知恵の母
☆自慢は知恵の行き止まり
※知恵のない神に知恵つける
※知に働けば角が立つ
☆機知（ウィット）は簡潔が要件
☆知は万代の宝

(D9)読む

☆読み、書き、算用は世渡りの三芸
☆読んで字の如し
※悪筆の文で、嫁（読）憎い
☆鯖を読む
※十遍読むより、一遍写せ
☆読書百遍、意おのずから通ず

(D10) 学ぶ・習う・考える

☆習うは一生
☆習うより慣れよ（六九〇）
※門前の小僧、習わぬ経を読む
☆学びて時に習う、楽しからずや
☆右へ習え（倣う）
☆親を見習う子
☆習い性となる（六九〇）
☆考えは雪隠と一人風呂（二三二）
☆下手な考え、休むに似たり（二三二）
※今日学ばずして、明日ありと言うなかれ
※学んで思わざれば、くらし

(D11) 知る

☆知らぬことは半分値
※知らぬが仏、腹たたず（四七四）
☆知らぬは亭主ばかりなり
☆父母の年は知らざるべからず
☆足るを知る者は富む
※哀れを知るは真の武士
☆衣食足りて礼節を知る
☆一葉落ちて天下の秋を知る
☆一を聞いて十を知る
☆井戸の中の蛙、大海を知らず
※寄らしむべし知らしむべからず

(D12) 儒者

※儒者と蒟蒻は田舎がよい
※儒者貧乏、医者福徳（四四八）
※兵法家飯食えず、儒者寒し（四四八）

(D13) 君子

※君子危うきに近寄らず（二九六、二九三）
※君子に二言なし
※君子は和して同ぜず
※君子豹変する
※君子の誤りは日月の食のごとし（二九五）
※君子は罪を憎んで人を憎まず
※君子の交わりは水の如し（二一二、二九四）
※松は君子の徳

(D14) 孝・恩・道義・徳

※孝経で親の頭をうつ（三二七）
※孝は百行の本
☆孝行したい時には親はいず（二〇六、二四七）
※孝行で売られ、不孝で請けだされ
※鳩に三枝の礼あり、烏に反哺の孝あり
※忠たらんとすれば孝ならず
☆親孝行は灰にならぬ前（二四七）
☆親孝行したくないのに親がいる
※民法出でて、孝亡ぶ
※道を以って国を治める
※報恩感謝で無病息災
※道を憂えて、貧しさを憂えず

(D15) 王・忠・天皇

※王は十善、神は九善
※王を取らせて飛車を逃げる
※王将も歩（ぶ）のもの

※陰では王様の噂もする（一八二）
※稲は五穀の王
※鳳凰は鳥の王
※香車の夢、王様の夢
※学問に王道なし（一八一）
※忠臣は二君に仕えず
☆王（天皇）の権利を利用する支配者

(D16) 大名・名主（庄屋）・役人

※大名の三代目
※餅は乞食に焼かせ、魚は大名に焼かせ
※行き大名、帰り乞食
※諸国大名は弓矢で殺す、糸屋の娘は目で殺す
※無い時貧乏、有る時大名
※直瓜（まっか）の皮は大名にむかせ
※六十六部、四回修業すれば来世は大名
☆庄屋三代目、庭木雑草、伸び放題（六八七）
☆役人と屏風は真っ直ぐには立たぬ（四三）

(D17) 士・武士

※武士は食わねど高楊枝（三〇八、七六九）
※武士は刀、百姓は鍬
※武士は戦術、坊主は方便
※武士は名を重んじる（八六四）
※武士に表裏なし（一八四）
※武士に妻子あり（八六三）
※哀れを知るは真の武士
※犬は門を守り、武士は国を守る
※馬は武士の宝
※強いばかりが武士でない
※花は桜木、人は武士（七七〇）
※酒は中国、江戸女、住まい京都、武士薩摩
※刀は武士の魂（一九一）
※なまくら刀で刃がまがる（六八九）
※平家（武士）を滅ぼしたのは平家（八八〇）
※えせ武士の刀いじり（九六三）
※士農工商の身分制

(D18) 将・幹部

※将を射んとすれば馬を射よ（四七一）
※将を畏敬する者は勝ち、敵を恐れる者は敗れる（四七一）
※将は君の頼む所、兵は将の頼む所
※敗軍の将、兵を語らず（七四八）
※将は求め難し（八七九）
※一将功なって万骨枯れる（七〇）
☆平和と健康の有難味はなくなってわかる（一三九）
☆幹部内事件は発想・行動・挑戦

(D19) 兵

※兵を養うこと千日、用は一日にあり
※兵は神速を尊ぶ
※兵は得やすく、将は求め難し（八七九）
※小田原評定で兵動かず（一一九）
※大将の勲章は兵卒の血
※敗軍の将、兵を語らず
※将は兵の頼む所、兵は将の頼む所

☆囲碁は兵法のごとし
※兵強ければ戦に勝つ（八七八）
☆貧しい農民、強兵をつくる

(D20)鉄砲・戦争・軍隊

※下手の鉄砲も数打てば当る
※闇夜に鉄砲（一八）
※女房、鉄砲、仏法で国治まる（七一四）
※槍でも鉄砲でも持ってこい
※戦死者には敵味方なく供養
☆戦争は最大の暴力
☆戦争犯罪（戦犯）とは、人道に対する罪、平和に対する罪をいう
☆戦争を放棄した日本国憲法
☆自衛隊は軍隊でないという政府見解

(D21)医者

☆医者の不養生（四九）
☆医は仁術（五一）
☆医者が匙を投げる（八九一）
☆医者がとるか、坊主がとるか（五〇）
※医者寒からず、儒者寒し
☆医者、知者、福者は国の宝
※医者、坊主、味噌、南瓜は古いほどよい（五一）
☆医者、役者、芸者は人気商売
※医者魔羅（まら）八寸、坊主九寸
☆医者が手を放すと坊主の手に渡る（四九）
☆医者のいの字と命のいの字（四八）
※医者は病を重く言い、大工は工事を軽く言う（五二）
☆腹八分に医者いらず
☆柿（蜜柑）が赤くなると医者は青くなる（九二九）
☆葬式すんで医者話し（四八）
☆病め医者、死ね坊主（一〇一〇）

(D22)旦那

※旦那（亭主）の好きな赤烏帽子
※旦那の一気働きには鬼もかなわん
※旦那三百、我が五百（自分の利益）
※金あれば馬鹿も旦那（一九八）
※白壁は皆旦那
※藁で束ねても旦那は旦那
※大旦那に小娘（七四六）

(D23)金・貨幣

※金一升、土一升
☆金一両（四匁十五瓦（グラム））は、約銀四十匁、銅約四貫、米一石
☆金が敵
☆金に糸目はつけぬ
☆金は天下の回りもの（二〇五）
※金あれば馬鹿も旦那（一九八）
☆金が金を儲ける（一九九）
☆金は義理を欠いて溜まる（二〇四）
☆金の切れ目が縁の切れ目（二〇三）
☆金と塵は溜まるほど汚い（二〇一）
※金貸し長者、三代つづかず（二〇〇）
☆金なき者、金を使う（二〇二）

☆金持金を使わず（二〇二）
☆金銭は親子も他人（二七二）
※金を湯水のように使う（一九九）
※金はあの世の土産にならぬ（一九八）
☆金が恨みの世の中（二〇四）
☆金は貸すとも借らない（二〇五）
※金持の大盤振る舞い（二〇六）
☆金持見栄をはる（二〇七）
※金なくて極楽（二〇七）
☆金を貸せば友を失う（二〇八）
☆金をとるより名をとれ（二〇九）
※金持は小銭に困る（二〇六）
※阿弥陀の光も金次第
※一押、二金、三男
※江戸っ子は宵越しの金は使わぬ
※地獄の沙汰も金次第
☆時は金なり
☆人の情も金のあるうち
☆金持遊び疲れる（八四七）
☆あると思うな親と金（七四）
☆友は金で買えない（二〇三）
☆悪貨は良貨を駆逐する（二一七）

(D24)宝・富

※宝は身の仇（二〇二）
☆命が宝
※馬は武士の宝（九九）
※子供は貧乏人の宝
☆銭にまさる宝なし
※千の蔵より子は宝
※世の宝は医者、知者、福者
※浦島太郎の宝箱
※富は一生の富、知は万代の宝

(D25)玉

☆玉石混交
☆玉に瑕（きず）
☆玉磨かざれば光なし
☆艱難汝を玉にする
※他山の石、以って玉を磨く

(D26)商人・儲

☆商人と屏風は曲らねばたたぬ（四六七）
☆商売は道によって賢し（二〇）
☆商人の泣きごと
☆商いは牛の涎
☆商人は損しているといって蔵を立て（四六七）
☆商人は元値といって客をつる（四六六）
☆商は正直が第一（二一）
※農は工に如かず、工は商に如かず
☆死の商人、戦争が好き
☆儲け商人の泣きごと（九七六）
☆買叩き売り惜しみで大儲け（一六七）
☆ぼろ儲け話には落し穴がある
☆そうは問屋（商人）が卸さない

(D27)銭・勘定・経済・家計

☆銭金ばかりは親も他人
☆銭にまさる宝なし

※銭あるものは鬼をも雇う（五一八）
☆銭の切れ目が縁の切れ目（五一八）
☆銭あるものには僧も頭下げる（五一九）
☆銭は足なくても走る（五二〇）
※阿弥陀の光も銭次第
☆勘定合って、銭たらず
☆安物買いの銭失い
※減らぬものなら銭一貫（一両）
※宵越しの銭は使わぬ
☆悪銭身につかず（二四）
☆勘定合って銭足らず（二二七）
☆余る勘定、足らぬ勘定（二二七）
☆入るをはかって、出るを制す

(D28)職人・仕事・親方・駕籠かき・労働者

☆職人の一升飯
※職人貧乏、日雇乞食
☆職人貧乏、人宝
☆腕のよい職人に金持なし
☆仕事は忙しい人に頼め
☆食なき者は職を選ばず
☆親方が顎で指図する（二三）
※紺屋（職人）の明後日
※駕籠に乗る人、駕籠かつぐ人、その又草鞋を作る人（一八三）
※駕籠かき、駕籠に乗らず（一八三）
※万国の労働者は団結せよ（マルクス）

(D29)農・百姓

※農は国の本
※農は人真似（一〇）
※農は工に如かず、工は商に如かず
※百姓と油は絞るほど出る（八三一）
☆百姓長者は長続き（二〇〇）
※百姓は殺さず生かさず（三四、八三一）
※百姓の泣き言、医者の手柄話（八三〇）
☆百姓の不作話と商人の損話し（八三一）
☆百姓の来年頼み
※百姓百層倍、薬九層倍、花八層倍、肴三層倍、坊主丸儲け（八三一）
※羽織着たがる公家（くげ）の百姓

(D30)下衆・下輩・民

※下衆の後知恵（三〇六）
※下衆の一寸、のろまの三寸（障子）（三〇五）
※下衆の勘ぐり（三〇六）
※下衆の口には戸は立てられぬ
※下衆も三食、上臈にも三食
☆下輩の者は食を急ぐ（三〇八）
※民のかまどは賑わう
※民は寄らしむべし
※三民主義（民族、民権、民生）

(D31)乞食

☆乞食も場所
☆乞食も三日すれば忘れられぬ（三四六）
☆乞食に氏なし
☆乞食にも親方
※親は苦労する、子は楽をする、三代

※目に乞食する
※大工貧乏、日雇乞食
☆三人旅の一人乞食
※餅は乞食の子に焼かせ
☆行き大名、帰り乞食
☆慌てる乞食は貰いが少ない
※近江泥棒、伊勢乞食（伊勢商人）

(D32)貧・貧乏

☆貧の盗み
☆貧の宵っ張り、長者の早起き
☆貧は病より苦しい
☆貧乏木好き、貧の花好き
☆貧乏ほど辛いものなし（八四九）
☆貧賤に親戚集まる（八五〇）
☆貧すれば鈍する（一二五）
※貧乏人の子沢山
※四百四病より貧の苦しみ
※茶の湯は貧のものまね
※希望は貧者のパンである
※長者の万灯、貧者の一灯（八四五）
☆貧乏人遊ぶ閑なし（八四七）
☆稼ぐに追いつく貧乏なし（一八七、八三四）
※幸いなるかな貧しきものよ（二一〇）
☆朝寝朝酒で貧乏
☆器用貧乏
※隣りの貧乏は鴨の味
☆やせ我慢も貧乏から（九九七）
※引越貧乏
☆器用貧乏、人宝（二六四）
※貧と難儀は身から出た錆（八四六）
☆貧乏ほど楽なものなし（八四九）
☆富者は貧乏人から嫌われる（八五二）

(D33)馬鹿・阿呆

※馬鹿ほど怖いものはない（三〇五）
※馬鹿があって利巧者が引き立つ（七五〇）
※馬鹿につける薬はなし（七五一）
※馬鹿者の馬鹿丁寧（七五三）
※馬鹿者はよけて通れ（七五三）
※馬鹿と坊主には勝てぬ（七五〇）
※馬鹿はどこでも馬鹿（七五二）
※馬鹿と鋏は使いよう
※馬鹿の一つ覚え（七五一）
※馬鹿は死ななきゃ直らない（三一五）
※発句苦になる馬鹿になる
※一度見ぬ馬鹿、二度見る馬鹿
※桜伐る馬鹿、梅伐らぬ馬鹿
※正直者が馬鹿をみる
※先生と呼ばれるほどの馬鹿でなし
※のろまの一寸、馬鹿のあけっぱなし
※凡人馬鹿を笑う（九〇六）
※金あれば馬鹿も旦那（七五二）
※隣りの阿呆は起きて働く（七三六）
※阿呆の大飯食らい（三一）
※阿呆は風邪をひかぬ（一八八）

(E) 地理・歴史・宗教

(E1) 海

☆海とも山とも知れず
※海に千年、山に千年（一〇五）
☆海はいかなる川をも拒まず
※海行かば水漬く屍
※父母の恩は山より高く、海より深し
☆待てば海路の日和あり（一四四）
☆飢饉は海から（一二八）

(E2) 山

※お山の大将俺一人
☆海とも山とも知れない
☆風吹けど山は動かず
☆枯木も山の賑わい
※愚公、山を移す（二七五）
※仁者は山を楽しむ
※土（塵）も積もりて山となる
☆山眠る（冬）
☆借金の山
☆山高ければ谷深し（一〇〇五）
☆大山鳴動して鼠一匹

(E3) 土

※江戸は土一升、金一升（五九九）
※死なば故郷の土
☆大根種、二百十日の土の下
☆土地代は毎年の支払（五九九）
※土に灸（無駄）
☆土になる（死亡）
☆捲土重来

(E4) 石

※石の上にも三年
※石橋を叩いて渡る（四七）
※石が流れて木の葉が沈む（四六）
※石の地蔵で物言わぬ
※石にかじりついても
※一石二鳥
☆焼け石に水

(E5) 田

☆田の草、田の毒、田の薬
☆田作りは百姓に聞け
※碁をうつより田をうて
※念仏申すより田をつくれ
☆我田引水

(E6) 水

☆水魚の交わり
☆水は方円の器に従う
☆水清ければ魚すまず（九三二）
☆血は水よりも濃し
☆年寄の冷や水
☆古川に水たえず
※蛙の面（つら）に水
※渇すれど盗泉の水を飲まず
※君子の交わりは水の如し

☆上手の手から水が漏れる
※寝耳に水
※背水の陣
☆明鏡止水
☆水と油（九三四）
☆流れる水は腐らず（六七四）
☆水心あれば魚心（九三三）
☆水に源あり、樹に根あり（九三四）
☆水を沸かして湯にする（九三六）
☆湯を冷まして水にする（九三六）
※覆水盆に返らず（八六三）
☆水は逆さまに流れず（九三五）
☆水は低き所に溜まる
☆ぬるま湯は、出ても寒い、入っていても寒い

(E7)川・河

※川に小便すると川の神が怒る
※川越して宿をとれ（二二二）
☆川という字に寝てみたい
☆男心と川の瀬は一夜で変わる
☆深い川は静かに流れる
☆山と言えば川と言う
☆川皮海身（焼魚）
※百年河清を待つ
※古川に水絶えず

(E8)国・日本

※国破れて山河あり（二八八）
※国（郷）に入りては国に従え
※家に鼠、国に盗人
☆学者は国の宝
☆言葉は国の手形
※農は国の本
※富士山の見える国に美人なし
※丹波よい国、女の夜這い
※日本国は棒三本で治まった（仏法・鉄砲・女房）
☆愛国心を掲げる政治家が国を売る
☆日本型経営とは、終身雇用・年功序列・企業別組合

(E9)都

☆住めば都（二六六）
☆山の奥にも都あり
※今は盛りと花の都

(E10)田舎

※田舎の利口より京の馬鹿
☆田舎は遣りっ放し
※田舎の連れ小便、立小便
☆都は目恥し、田舎は口恥し

(E11)道路

☆道遠く、日が暮れる
※すべての道はローマに通じる
☆遠くて近きは恋の道

(E12)江戸

※江戸の仇を長崎で討つ（一一三）

※江戸っ子は宵越しの金を使わぬ
※江戸と背中は見て死にたい
※江戸の名物は、火事、喧嘩、犬の糞
※江戸は諸国の掃きだめ
※江戸っ子は五月の鯉の吹流し
※鐘一つ売れぬ日はなし、江戸の春
※内緒話は江戸まで聞こえる

(E13)京

☆京の着倒れ、大阪の食い倒れ（二六七）
☆京の夢、大阪の夢
※田舎の学問より京の昼寝
※江戸紫に京鹿子
※膝で京に登る
※酒中国に、江戸女、住まい京都に、武士薩摩
☆京に田舎あり（二六六）
※見ぬ京の物語（九四六）

(E14)大阪

☆大阪は日本の台所
☆大阪の食い倒れ（三二）
☆京の夢、大阪の夢
☆口では大阪城もたつ
※江戸は八百八町、大阪は八百八橋

(E15)名古屋

※伊勢は津でもつ、津は伊勢でもち、尾張名古屋は城でもつ
※尾張名古屋は城で持ち、嬶（かか）の褌（ふんどし）は紐でもつ

(E16)長崎

※長崎ばってん、江戸べらんべい、神戸兵庫のなんぞいや
※江戸の仇を長崎で討つ

(E17)富士・箱根

※一富士、二鷹、三茄子（六三）
☆来てみればさほどでもなし富士の山（二四六）
☆富士の山ほど願って、蟻塚ほど叶う
※富士の高根に降る雪も、京都先斗町（ぽんとちょう）に降る雪も雪は同じ雪
※箱根八里は馬でも越すが、越すに越されぬ大井川

(E18)泰山

※泰山北斗と仰がれる（七五八）
※義は泰山よりも重く、命は鴻毛よりも軽し
※泰山鳴動して鼠一匹

(E19)歴史

☆歴史はくり返す（一〇六四）
☆歴史は一回限り（一〇六四）
☆歴代の天皇陵には疑義多し

(E20)昔

☆昔は昔、今は今（九五五）

☆昔とった杵柄（九五三）
※昔のことを言うと鬼が笑う（九五三）
※昔千里、今も千里（九五二）
☆昔の何某より、今の金貸し
☆昔は奥様、今は口様（九五五）
☆昔からの諺に嘘はない（九五四）
※仏も昔は凡夫なり
☆今のできごと、昔話となる
※昔は冠婚葬祭はすべて自宅で

(E21)古い

☆古川に水絶えず
☆古傷は痛み易い
☆古き皮袋に新しい酒
☆古い友、古い葡萄酒、古い金は一番よい
☆医者と友は古いほどよい
※書物と鉄瓶は古いほどよい
☆嫁の古いのは姑になる
☆温故（古）知新

(E22)今

☆今泣いた烏がもう笑う
☆今の情は後の仇
☆今や遅しと待ちかまえる
☆今は出生も死亡も皆病院

(E23)新しい

※新しい酒は新しい皮袋に
☆女房と畳は新しいほどよい
※古きをたずねて新しきを知る

(E24)中国故事

※隴（ろう）を得て蜀を望む
※孔子も時に遭わず
※孟母三遷
※呉越同舟
※四面楚歌
※臥薪嘗胆

(E25)神・宗教

※神は正直の頭に宿る
※神は人の敬うによりて威を増す
※神は自ら助くる者を助ける
☆神は農村（自然）をつくり、人は都市をつくる
※神に愛される者は幸せである（一一三）
※神にも祝詞
※触らぬ神に祟りなし
※捨てる神あれば拾う神あり（二九〇、八四一）
※七才までは神の子（六八四）
※仏千人、神千人
※苦しみを抜け出すための神詣で（二九一）
※苦しい時の神頼み（二九〇）
☆男女神仏の仲良くよりあう七福神
☆宗教は民衆の阿片である（マルクス）
☆祈りの宗教、諦めの宗教、抵抗の宗教、神秘や奇蹟を信じさせる新興宗教

(E26) 仏

※仏頼んで地獄へ落ちる
☆仏造って魂入れず（八九九）
※仏に向かって法を説く
※仏の顔も二度、三度
※仏も下駄も同じ木
※仏法あれば世法あり（八六九）
☆仏法僧の三宝（八六九）
※仏様の椀でかなわん（八九八）
☆仏疑うな罪深し（一〇三二）
※地獄で仏にあう
※眼の見えぬ人こそ、知らぬが仏
※我が仏尊し
※赤い腰巻に迷わぬは木仏、金仏（〇八）
※世の中は仏千人（九〇七）
※凡夫も悟れば仏（九〇七）
※知らぬが仏（六七）
※阿吽の呼吸（六）
※真言亡国、禅天魔（日蓮）

(E27) 寺

※寺にも葬式（六一七）
※寺に入っては坊主になれ（六一九）
※寺の門前に鬼がすむ（六一八）
※我が寺の仏尊し
※尊い寺は門から
※お寺の鼠で、けさ食ったばかり
☆寺から里へ（おさがり）（六一七）
※若後家の繁き寺参り
※博徒（ばくと）の寺銭（てらせん）

(E28) 信心

※鰯の頭も信心から（八三）
※信心すぎて極楽を通り越す
※信心は誠のあらわれ
※信心は欲から
※阿弥陀の光も信心から（三三）
☆六根清浄、お山は晴天、懺悔懺悔。
（奥駆けの唱和。六根とは眼耳鼻舌身意）

(E29) 坊主・布施

※坊主憎ければ袈裟まで憎い（八九〇）
※坊主丸儲け
※嘘と坊主の頭は結うたことがない
※女と坊主に余りものはない
※譬に嘘なし、坊主に毛なし
※三日坊主で職変える（二七五、九四二）
※坊主の花簪（かんざし）買うを見た
※坊主捨ておけ医者大事（八九一）
※坊主待ちぼうけ（一〇〇三）
※布施のない時袈裟つけず（八六六）

(E30) 阿弥陀

※阿弥陀の光も銭次第（三三）
※阿弥陀経読むのと、滑り道は早いほどよい
※阿弥陀の光も信心から（三三）
※阿弥陀浄土に観音浄土（七〇五）
※下駄も阿弥陀も同じ木の切れ

※南無阿弥陀仏、死んでも命があるように

※元の木阿弥（九八二）

(E31)観音

※朝観音に夕薬師

※滑り道と観音経は早いほうがよい

※家々観世音、処々阿弥陀

※現世御利益、来世御利益観世音

※西国三十三観音、四国八十八霊場ぬけ参り

(E32)弘法・諸行無常・煩悩

※弘法も筆の誤り（三三六）

※弘法、筆を選ばず（二六三）

※大師は弘法に奪われ、太閤は秀吉に奪われる

※諸行無常（七六〇、九五七）

※煩悩則菩提（九〇五）

※無常の風は時を選ばず（二二）

※同行二人の四国遍路（三三六）

(E33)縁・因果・罰

※縁なき衆生は度し難し（一一六）

☆縁は異なもの、乙なもの（一一六）

☆袖触れあうも他生の縁

※一樹の陰、一河の流れも他生の縁（五八）

☆合縁奇縁での巡りあい

☆悪因は悪果を生む（一七）

※因果は巡る車の輪（八五、一八六）

☆縁の下の力持ち（一一七）

※釣りあわぬは不縁の元

※賞は厚く、罰は軽く

(E34)念・念仏

※念には念を入れよ（七三八）

※念力、岩をも通す

※念仏無間（むげん）、禅天魔

※極楽の入口で念仏を売る

☆食べ物と念仏は一口づつ

※法華と念仏、犬と猿（八九六）

※朝題目に宵念仏（一九）

※馬の耳に念仏

※出家の念仏嫌い

※他人の念仏で極楽参り

※柄にもない鬼の念仏

※居眠り空念仏（七九）

(E35)地獄

※地獄で仏にあう（四一〇）

※地獄の沙汰も金次第（四〇九）

※地獄で閻魔にあう（四一〇）

※聞いて極楽、見て地獄（二四六）

※仏頼んで地獄へ落ちる

※子供あって親地獄（六六八）

(E36)極楽

※極楽はいずくの所と思いしに、杉玉つるした酒蔵の門

※極楽の入口で念仏を売る（三四三）

※聞いて極楽、見て地獄（二三六、二四六）
※他人の念仏で極楽参り
※寝るは極楽、起きるは地獄

(E37)三界

※三界広しと雖も、五尺の身の置所なし
※生まれてより、女三界に家なし
※子は三界の首枷（かせ）

(E38)鬼

※鬼に金棒（二三七、八八六）
※鬼のいぬまに洗濯
※鬼の霍乱（日射病）（二三九、二五五）
※鬼の首をとった
※鬼か蛇か（二三五、二三六）
※鬼も十八、番茶も出花（二四〇）
※鬼に煎餅（二三七）
※鬼門除けに鬼瓦（二五五）
※鬼も頼めば人喰わん（二三五）
※鬼の目にも涙（二三八）
※来年のことを言うと鬼が笑う
※渡る世間に鬼はなし（一〇八二）
※小姑一人は鬼千匹
※知らぬ神より馴染みの鬼
※疑心暗鬼（二二九）
※百鬼夜行（八三七）
※末世に鬼が出る（九一五）
※血も涙もない吸血鬼（二三八）
※怒れば鬼、喜べば仏（四四）
※親に似ぬ子は鬼子（一四八）
※鬼手仏心（手術師の心）

(E39)餓鬼

※餓鬼の断食、悪女の賢者ぶり（一七四）
※餓鬼も人数
※餓鬼の眼にも涙
※餓鬼の物をせびる
※餓鬼に水、高野で女
※餓鬼のすき腹（八七二）

物(F)　数・自然・気象・動植

(F1)一・小

☆一人で泣くより十人で笑え
※一敗地に塗れる(七二)
※一寸の虫にも五分の魂(七一)
※一寸先は闇
※一を聞いて十を知る
※一の裏は六
※一年の計は元旦にあり
※一将功なって万骨枯れる(七〇)
☆一期一会を大切に(五六)
※一文惜しみの百知らず(六四)
☆一葉落ちて天下の秋を知る(六六)
☆一人は万人のために(二九五)
☆一人を慎む
☆一、三、五、七、九の五節句
※一樹の陰、一河の流れも他生の縁(五八)
※一度あること二度ある(五九)
☆一日なさねば一日食わず(六一)
※一富士、二鷹、三茄子(六三)
※一文を笑うものは一文に泣く(六五)
☆一犬影に吠ゆ(六八)
☆一鶏鳴けば万鶏うたう(六九)
※お山の大将俺一人
※小姑一人は鬼千匹
※千匹の馬はあれど、一匹の伯楽(名馬)なし
※盲人千人、目明き一人
※人の一寸、我が一尺(八〇八)
※一姫二太郎
※一石二鳥
※一衣帯水
※一蓮托生
☆スモール・イズ・ビジネス
☆数は力なり

(F2)二

☆二人は一人に勝る
※二君にまみえず
※二兎を追うものは一兎も得ず
☆二度教えて一度叱れ
☆二の足を踏む(七一〇)
☆二人三脚
※二度あることは三度ある(七〇八)
☆うまい話は二度考える
☆二律背反

(F3)三

☆三寸の舌、五尺の身を亡ぼす(三九七)
※三才の翁、百才の童子(三九一)
※三顧の礼(三九〇)
☆三度目たしかめる(六〇)
☆三つ叱って五つほめ(九四三)
☆三つ子の魂百まで(九四二)
※三度の飯も強し、軟らかし(三九九)
※三日天下(九四〇)

☆三日見ぬ間の桜かな
☆三寒四温
☆いやいやと言って三杯
☆三三九度の盃
※地獄、餓鬼、畜生の三途の道
※見ざる、聞かざる、言わざるの三猿
※身口意（しんくい）の三過
※戒定慧（かいじょうえ）の三修行
※嬲（まおとこ）という三角関係

(F4)三人

☆三人旅は一人乞食（二五九、四〇〇）
※三人よれば文殊の知恵
☆三人、事を行えば一人は師
※多し少し、子三人
☆女三人よれば姦（かしま）し
※嫁入り娘が三人おれば家つぶれる

(F5)三尺

※三尺下がって師の影をふまず
※水は三尺下がれば清くなる
※起きて三尺、寝て六尺

(F6)三年

☆商い三年
※石の上にも三年
☆犬は三日飼えば三年の恩を忘れぬ
☆いらぬものも三年たてば役に立つ
☆首振三年、ころ八年
☆桃栗三年、柿八年（果実のなる年）
※七年の病に三年の艾（もぐさ）を求む
※負うた子を三年探す

(F7)四・五・十

※四面楚歌
※四苦八苦
※四角な座敷を丸く掃く
※五蘊（ごうん）皆空（五蘊とは色受想行識）
☆十年一日の如く
※十年一剣を磨く
☆十人よれば十国の噂
☆十のしま（あほう）
☆十年一昔（四四三）
☆一を聞いて十を知る
☆腹がたったら十まで数えよ
☆娘一人に婿十人
☆十の尻を曲げて七（質）
☆十人十色（四四二）

(F8)百

※百日の説法、屁一つ
※百年河清を待つ（八三四）
☆百も承知のすけ
☆百害あって一利なし（八二八）
※百尺竿頭に一歩を進める（八二九）
※百里の道も一歩から（八二九）
※百丈の木に登っても落ちず（八三三）
☆百聞は一見に如かず（八三五）
※百里行く者は九十九里を以って半ば

とす（八三六）
※百鬼夜行（八三七）
※百里来た道、帰るのに百里（八三六）
☆明日の百より今日の五十
※おまえ百までわしゃ九十九まで
※雀百まで踊り忘れぬ
☆三つ児の魂百まで
☆高値一日、低値百日

(F9)八百

※八百八橋（大阪）
※噓（小言）、八百

(F10)千

※千石とれば万石羨む（五三三）
☆千慮の一失（一得）（五三四）
☆千も万も論不要
※味方千人、敵千人
※盲人千人、目明き千人
※餓鬼も千人
※千に三つの真なし
☆昔の千里、今一里（九五二）

(F11)万

※万の倉より子は宝
☆万に一つの幸せ
※長者の万貫、貧者の一文
※千金万金より一遍の回向（えこう）
※鼻糞丸めて万金丹
☆万古不変（九八）

(F12)億

※一億一心
☆億万長者

(F13)自然・環境・資源

※自然に帰れ（ルソー）
※自然淘汰
※自然の恵み
※自然法爾（しねんほうに）
※自然弁証論
☆わければ資源、混ぜればゴミ

(F14)天・空

※天網恢恢疎にして漏らさず（六二八）
※天上天下唯我独尊（二一九）
※天知る、地知る、我知る、汝知る（六二〇）
☆天高く馬肥ゆ（六一三）
※天地は万物の逆旅
※天に口あり、地に耳あり
☆天に口なし、人をして言わしむ
※天は二物を与えず（六二七）
※天の時は地の利に如かず（六二五）
※天子、将軍のことでも陰では悪口を言う
※天道に偽りなし
※天下泰平
☆天下晴れて夫婦となる
※天下の憂を先にする（六六）
※公明正大、天を畏れる（二一一）

※天を仰いで唾をはく（六二七）
☆天に風、人に病（六二八）
※天は人の上に人をつくらず（八八四）
※一葉落ちて天下の秋を知る（六六）
※怒髪天をつく
※運は天にあり
☆鍵の穴から天のぞく
☆旱天の慈雨
※人多ければ天に勝つ（八〇一）
☆人事を尽くして天命を待つ
※青天の霹靂
※青天白日旗（台湾・中華民国）
※父は天、母は地
※不倶戴天
※誠は天の道、これを誠にするは人の道（九一三）

(F15) 地・地球

※地の利は人の和に如かず
☆地球の公転（一年）は三六五日、自転（一回）は二四時間（八七〇）
※土一升に金一升（五九九）
☆足が地につく
※日月地に墜ちず
※天から降ってくる、地から湧いてくる
※父は天、母は地
※天を仰ぎ、地に伏す
※天に口あり、地に耳あり

(F16) 日・太陽

☆日日是好日
☆日光の見舞う家には、医者は見舞わぬ
※日光を見ずして、結構を言うな
☆日暮れて道遠し（七九六）
※日（太陽）は夜を知らず、月は昼を知らず（七九六）
☆日暮れ前に宿に入る（七九七）
☆日暮れの山行く（七九七）
☆日進月歩の世の中
☆秋の日はつるべ落し
☆遊んでいる日は暮れるのが早い
☆雨の降る日は天気が悪い
☆思い立ったが吉日
☆道遠く日暮れる
☆夜道は日は暮れない

(F17) 月・星

☆月公転は二九・五日（陰暦の一年は三五五日）。月自転二七・五日
※月夜に提灯（五九七）
☆月夜の星（五九七）
☆月満つれば欠く（五九六）
☆月落ち、烏鳴きて、霜天に満つ
☆月に叢雲（むらくも）、花に嵐（五九五）
☆月の前の灯火
※傾城に誠あれば晦日（ついたち）に月が出る
☆潮の満干は月で知れ
☆老女の化粧は冬の月
☆月とスッポン（大違い）（五九三）

☆風流はおぼろ月夜に秋の月（八五八）
☆朝星、夕星、昼は梅干（一六）
☆名もない星は宵から出る（六八八）

(F18)光・蛍

☆光るもの、黄金にあらず
※阿弥陀の光も金次第
☆親の七光り
※金の光は阿弥陀ほど
☆玉磨かざれば光なし
※蛍の光、窓の雪
☆使っている鍬は光る
※光陰、矢の如し
☆光と闇の世の中
☆火は水に勝てぬ

(F19)時

☆時は金なり
☆時は三月、夜は九月
※天の時、地の利
☆飢えたる時に粗食なし
☆得がたき時、会い難きは友
※三大名医は、自然と時間と忍耐
※苦しい時の神頼み
☆勝も負けるも時の運
☆若い時の苦労は買ってでもせよ

(F20)朝

※朝の茶柱は縁起がよい
※朝の蜘蛛は縁起がよい
※朝に紅顔、夕べに白骨となる（二一）
☆朝は朝星、夜は夜星（一六）
☆朝起き三文の徳
※朝起き千両、夜起き百両
☆朝のこない夜はない（一八）
※朝は題目（妙法蓮）、夜は念仏（一九）
※朝三暮四

(F21)夕

☆夕立は馬の背を分ける（一〇一五）
※夕立や法華（日蓮宗徒）駆けこむ阿弥陀堂

(F22)夜

※夜爪を切ると親の死にあえぬ
☆夜の酒は八分目
※庚申の夜は眠るな
☆昼に目あり、夜に耳あり
☆夫婦喧嘩と西風は夜治まる

(F23)風

☆明日は明日の風が吹く
☆木静かならんとすれど、風止まず
※風が吹けば桶屋が儲かる（二八六）
☆船は帆まかせ、帆は風まかせ
☆じじばば火の子、子供は風の子
☆五風十雨
☆風の便り

F24 雨

☆雨の始めと世帯の始め、こまかいがよい
☆雨は天から、涙は眼から
☆雨降って地固まる (三二)
☆雨の降る日は天気が悪い
☆朝焼けは雨、夕焼けは晴
☆月が暈(かさ)をかぶると雨
☆天上、雨なし
☆旱天に甘露の雨
☆雨は天からの貰いもの

F25 雪・霜

☆雪と欲は積もるほど道を忘れる
☆雪の多い年は豊作
☆年寄りの命と春の雪
※蛍の光、窓の雪
※雪中に筍を掘る
☆八十八夜の別れ霜

F26 春

☆春の寒さと秋のひもじさは耐えられぬ
☆冬来たりなば春遠からじ
※春の晩飯、あと三里 (七八八)
☆春の日は暮れそうでくれぬ (七九〇)
☆春山秋里、晴れれば上天気
☆春を惜しむ
☆春に三日の天気なし (七八七)
☆立春大吉 (八七三)

F27 夏

☆夏女房に冬男
☆夏の鰯で足が早い(腐敗)
☆女と火のそばは夏でもよい
※こたつ俳諧、夏将棋
☆飛んで火に入る夏の虫
☆夏の丹前も悪くない (六八二)

F28 秋

☆秋天高く馬肥ゆ
☆秋風と女心、すぐ変わる
☆秋の彼岸は農家の厄日
☆秋の日は釣瓶落し (七八八)
☆春植えなければ秋稔らず
☆春海、秋山、晴れれば上天気
☆もの言えば唇寒し秋の風 (九八四)
※秋茄子、嫁に食わすな (一二)

F29 冬

☆冬来たりなば春遠からじ (八七三)
☆冬の蛙で、かんがえる
☆冬の風は網の目をくぐる
☆夏歌うものは冬泣く
☆夏鰹に、冬鮪(まぐろ)
☆老女の化粧、冬の月
※冬帷子(かたびら)に夏布子(ぬのこ) (八七二)
※冬至十日たてば阿呆でもわかる

(F30)節・節供

※三月女の節句、五月男の節句で、七月、九月とつづく（五七）
※怠け者の節供働き
※昔は神に供える節句の日、今は決済の節季
※節季女に盆坊主（五一六）

(F31)馬

☆馬から落ちて落馬する
☆馬には乗ってみよ、人には添うて見よ（二〇二）
☆馬に馬鹿なく、人に馬鹿あり
☆馬は武士の宝（九九）
☆馬に轡、牛に鼻面（一〇二）
※馬を買わずに鞍を買う（一〇四）
※馬脚をあらわす（七五四）
☆馬が合う（一〇二）
☆天高く馬肥ゆる秋
☆一匹の馬が狂えば千匹の馬が狂う
※老いたる馬は道を忘れず（一一九）
※女房百日、馬二十日（飽く）
☆名馬は癖馬（三一〇、六七六）
☆蹴る馬も乗り手次第（三一〇）
※痩せ馬鞭を恐れず（九九六）
※老いては騏驎（きりん）も駄馬（だば）に劣る（一一九）

(F32)牛

※牛売って馬を買う（八九）
☆牛が嘶き馬が吼える
※牛に引かれて善光寺参り（九一）
※牛の涎は十八町（九一）
☆牛は牛連れ（九三）
※牛も千里、馬も千里（九四）
※牛頭をかかげて馬肉を売る（二六一）
※牛刀をもって鶏をさく（二六一）
※牛後になるなかれ（二九九）
※牛が死んだ、嫁をもらう（八九）
☆牛飲馬食
※馬は越前、牛は但馬
※角を矯めて牛を殺す
※女賢しうして牛売りそこなう
※早牛も淀、遅牛も淀
☆商いは牛の涎
※池田の牛で、いたみ（伊丹）入り
☆何処の牛（馬）の骨
☆汗牛充棟

(F33)犬・猿

☆犬は三日飼えば三年の恩を忘れず（七七）
※犬は門を守り、武士は国を守る
※一犬虚（影）に吠えれば、万犬実をとなう（六八）
☆犬も歩けば棒にあたる（七八）
☆犬は人につき、猫は家につく
☆犬猿の仲
☆犬の遠吠え
☆犬が西向けば尾は東向く（七六）
☆能無し犬は昼吠える（七四二）

※煩悩の犬は追えども去らず（九〇五）
☆尾を振る犬は叩かれず（一五五）
☆飼い犬に手を噛まれる（一六五）
☆生きている犬は死んだライオンに勝る（一一八）
※猿にも衣装

(F34)猫・虎・狐

☆猫が肥えれば、鰹節痩せる
☆猫は三年の恩を三日で忘れる
☆猫と犬の夫婦で、にゃわん
☆猫の首に鈴をつける
※猫に小判（七三二）
☆猫に鰹節（七三一）
☆猫の手も借りたい（七三二）
☆窮鼠猫を噛む（二六〇）
☆嫁と猫は近所から貰うな（一〇三四）
※虎の威を借りる狐（六五九）
※虎は虎でも、はり子の虎（六五九）
※虎は死して皮を残し、人は死して名を残す（六六〇）

(F35)鳥・鷹・鶴・時鳥

☆鳥鳴いて山、更に静かなり
☆鳥なき里の蝙蝠（こうもり）
☆鳥の両翼は車の両輪の如し
☆鳥立てど跡を濁さず
☆鳥も鳴かずば撃たれまい
※鳶が鷹を生む（一〇八、七〇六）
※能ある鷹は爪かくす（七四一）
※鷹は賢いけれど烏に笑われる（八一八）
☆後の烏が先になる（一一九）
☆鵜のまねする烏（一〇〇）
☆烏はどれも黒い（二一五）
※鶴は千年、亀は万年（六〇四）
※泣くまで待とう時鳥（六七八）

(F36)虫・蟻

※虫がすかない
※蟻の熊野詣で（三六）
※一寸の虫にも五分の魂（七一）
※獅子身中の虫
※飛んで火に入る夏の虫
☆小の虫を殺して大の虫を助ける
※蓼食う虫も好き好き
※虫が知らせる
※千里の堤も蟻の穴から

(F37)魚・ふぐ

※魚の水を得たるが如し
※魚、木に登るが如し
※魚も食われて成仏する
☆魚心あれば水心（八八、九三三）
☆逃がした魚は大きい（六九二）
☆ふぐは食いたし命は惜しい（八六二）
☆網にかかるは雑魚ばかり（三五）
☆腐った魚と呼び歩く者なし（一〇九）

(F38)蛇・蛙・亀

☆蛇が蛙を呑んだよう

☆蛇は足なくて歩き、蝉は口なくして鳴き、魚は耳なくして聞く
※竜頭蛇尾（二一六）
※蛇も一生、なめくじも一生（八八四）
※蛇の生殺しは、祟（たた）る
☆蛇（じゃ）の道は蛇（九七九）
☆蛙の面に水（二七一）
☆盲人蛇におじず（九七五）
☆藪をつついて蛇を出す（一〇〇一）
※亀の甲より年の功（二一四）
☆木静かならんと欲すれど風やまず（二四一）

(F39)木・緑

☆木で鼻くくる（二四五）
☆木に竹をつぐ（二四七）
☆木もと竹さき（割る）（二五四）
☆木をみて森を見ず（二七〇）
☆木によって魚を求める（九八三）
☆木を数えて林を忘れる（二四八）
※木は桧、人は武士（二四八）
※辛抱する木に金が成る
☆木七月に、竹八月（伐採）（二四二）
☆鳥の糞で木の毒
☆仏も下駄も同じ木の切れ
☆柚（ゆず）の木に裸で登る
※百丈の木に登って落ちず（八三三）
☆枯れ木も山の賑わい（二一八）
☆堅い木は折れる（二八九）
※万緑叢中紅一点
※直き木にも曲れる枝
☆驚き、桃の木、山椒の木（一三四）
☆独活（うど）の大木（九九）

(F40)松

※門松は冥途の旅の一里塚
※松は千年、竹は万年
※松は君子の徳

(F41)竹・梅

※竹に雀は品よくとまる、止めて止まらぬ色の道
※竹の柱に、茅（かや）の屋根
☆竹と人の心はまっすぐ（八一三）
☆親の五十回忌と竹の切り回しは会わぬもの
☆木に竹をつぐ
※梅は食うとも、核（さね）食うな、中に夫婦寝てござる

(F42)茶

※宇治は茶所、茶は縁所（えんどころ）
※臍（へそ）で茶を沸かす
※いらぬ事とて木でした茶臼（役立たぬ）
※小さいものは嫁のもってきた茶碗
☆お茶を濁す
☆茶々が入る
※茶柱がたつと縁起がよい（六三）

(F43)草・藍

※草場のかげ（墓）

※草木も眠る丑三つ時
☆道草を食って遅くなる
※田の草、田の毒、田の薬
☆人通りに草生えず
☆青は藍より出でて藍より青し（七）
☆出藍の誉れ（二九）

(F44)茄子・人参

☆茄子と男は黒いのがよい
☆茄子の花と年寄の意見には無駄がない
※一富士、二鷹、三茄子
☆色で迷わす浅漬け茄子
☆瓜のつるに茄子はならぬ（一〇八）
☆嫁と茄子は若いのがよい
☆秋茄子は嫁に食わすな（一二）
※人参のんで首くくる（七二〇）

(F45)花

☆花の下より鼻の下（七六九）
☆花も実もある女性（一一四）
※花は桜木、人は武士（七七〇）
☆花は折りたし梢は高し
☆言わぬが花の吉野山
※卯月八日は花より団子
※火事と喧嘩は江戸の花
※枯れ木にも花が咲く
☆蝶よ花よと可愛がられ
※人に千日の好なく、花に百日の好なし
☆盆すぎての蓮の花
☆根のない所にも花（七三四）
☆人の花は赤い（八一五）
☆年々才々花は変わらじ（七三九）

(F46)油

※油を売る（とろとろ）
☆油断大敵（一〇一七）
☆水と油
☆火に油を注ぐ
※百姓と油は絞れば絞るほど出る（八三一）

五十音索引

あとがき

現在まで、「ことわざ」や格言（金言）に関する書物は数多く出版されております。その中で筆者があえてそれに挑戦し、執筆することを決意しましたのは、次のような内容（特色）を盛り込みたいと考えたからであります。

前編では、現在人に一般に親しまれている約一、〇〇〇の「ことわざ」について簡潔な説明を行いました。又、「ことわざ」の意味をよりよく理解するために、同義語・反対語・関連語をそのあとに付記しました（これらを含めると、約二、〇〇〇となります）。特に、反対語を列記しましたのは、これらの反対語には封建的思想に対し、民衆が風刺や批判をあらわしたものとして意味があったからであります。例えば「主君の恩を知らぬは畜生」という封建道徳に対して「恩を仇で返す」とか「恩の主よりは情の主」と庶民が考えた場合です。「医者知者は国の宝」という言葉に対し、「医者寒がらず、魔羅（まら）八寸」と皮肉ったり、「庄屋三代目草だらけ」と嘲笑していることなどであります。

これらの「ことわざ」の中に、「現在通用するもの（☆印）」と、「古い時代のもの（※印）」とがありますので、それぞれにマークしました。後者の古い時代の「ことわざ」の中には、例えば封建社会における儒教的道徳や戦前の国家主義的思想のもとでの農民・職人・貧困者・身障者・芸人・女性などに対する偏見などがあります（馬鹿・阿呆呼ばわり等）。又、民衆の神仏・王・大名・武士・旦那（富者）、時には僧侶・学者なども含む支配者への畏敬と同時にその高慢性への反発の感情をあらわすものもあります。したがって、これらの言葉は共に現代の民主主義思想からすれば時代遅れの考え方であると言ってよいでしょう。

後編では、現在一般に知られている「ことわざ」（若干の格言を含む）約三、〇〇〇を、その内容によって（A）～（F）の六分野に大きく分類し、さらに各分野をそれぞれ三〇余りの小項目に分類しました。

（A）体の仕組と働き（A1～A28に小分類）　　（D）職業・仕事・貧富の問題（D1～D33）

(B) 衣食住と心の働き (B1～B24)　(E) 地理・歴史・文化・宗教 (E1～E39)
(C) 家庭・社会・人間関係 (C1～C35)　(F) 数・自然・気象・動植物 (F1～F49)

次にこれら右の約三、〇〇〇の「ことわざ」を、前編と同様、現代人が抵抗なく使っているもの (☆印) と、古い史実・慣習による語句や教訓によるもの (※印) とに分けました。

用語の選定は、類書を参考にしましたが、やはり大正人間のせいもあって、やや懐古的なものに傾いたようでありますが、平和憲法や経済社会関係のものも多く取り入れるよう努めました。

又、前編のことわざの解説は、なるべく簡単にし、字句の表面的な解釈以外に、裏に秘められた風刺 (本音) についても述べました。語句の解説については筆者以外に藤原重夫氏、叢文社伊藤社長、友人の秋原俊彦氏をはじめ、家内からも多くのアドバイスを受けました。それでもなおミスがあります場合は、率直な御意見を賜りますれば幸いです。

言語学や文学などの分野には素人である筆者が「ことわざ」や格言などに関心を持ちましたのは、実は先輩から常々「古典をよく読むように」とのアドバイスを受けておりました。そして本書に取り上げたような、「ことわざ」や格言も、実は先人の言葉や古典の一つのエッセンス (知恵) であるということを知りました。ここに収録しました「ことわざ」によって、読者の方々も多少なりとも教訓を受けられることもあると予想しますが、実は筆者自身も本書をまとめることにより、思わぬ人生訓を得たように思います。

最後に、カラー版や挿絵 (創作戯画) は、御多忙の中、藤原重夫氏にご苦労を煩わせたことに対し、何よりもお礼を申し上げたいのです。原稿の整理や最初のフロッピーの作成には知人の佃十純氏にご協力を頂き、又、印刷原稿の仕上げは叢文社佐藤編集長や鈴木編集員にも大変お世話になりました。又、出版に当たっては、一九九八年の『鬼の絵草子』、二〇〇〇年の『名数絵解き事典』に続き、『ことわざ絵解き事典』の三部作を出すよう勧めて下さった叢文社伊藤社長にも特にお礼を申し上げたいと思います。

二〇〇三年一月　　南　清彦 (八十四歳　老書生)

著者／南　清彦（みなみ　きよひこ）

1918（大正７）年　大阪府堺市豊田に生まれる。小谷方明（小谷城郷土館主）実弟。鳳中、和歌山高商、神戸大学卒業。兵役３年。

1946（昭和21）年　和泉市池上、南繁則の長女、南兆子（医）と結婚。

1949-1992（昭和24-平成４）年　和歌山大学・岐阜経済大学勤務（各名誉教授）。地域の民俗・民衆史、農業・農村・地域問題を研究。宗教研究会員。

1993（平成５）年　勲三旭を受ける。

主要役職：和泉市文化財保護委員を経て、市史編纂委員

主要叢書：『都市と農村』（ミネルヴァ書房）『鬼の絵草子』『名数絵解き事典』（叢文社）

現住所：〒594-0083　大阪府和泉市池上667
（Tel/Fax：0725-41-0604）

絵師／藤原重夫（ふじわら　しげお）

1940（昭和15）年　和泉市万町に生まれる。

1980（昭和55）年　僧月居偉光氏に師事。日本南画院入会。高野山仏画僧。

1997（平成９）年　高野山にて得度（僧名：祐寛）。

受賞：大阪市教育委員会賞、読売新聞社賞他

作品の収蔵先：金剛峰寺、高野山大学、地蔵院、普賢院、明王院、松尾寺、大阪府副知事室、淡路島八浄寺（瑜珽塔内密厳浄土図（7m×26m））、ハワイ・ホノルル美術館、高野山百景（高野山教報連載中）

主要役職：和泉市文化財保護委員、日本画教室主宰

現住所：〒594-1104　大阪府和泉市万町140-1
（Tel/Fax：0725-55-2328）

ことわざ絵解き事典

発　行　二〇〇三年二月二〇日第一刷

著　者／南　清彦

発行人／伊藤太文

発行所／株式会社叢文社
東京都文京区春日二―一〇―一五
〒一一二―〇〇〇三
電話　〇三（三八一五）四〇〇一

印刷・製本／三松堂印刷株式会社

定価はカバーに表示してあります。
乱丁・落丁についてはお取り替え致します。

ISBN 4 - 7947 - 0442 - 9